초록 수첩

필리프 자코테
Philippe Jaccottet

'초록 수첩'이라는 제목에서도 짐작할 수 있듯, 자코테는 '시집'이라는 용어보다 그 대안으로 '수첩'이라는 단어를 선호하며 여기에 파편적인 시와 산문들을 수록했다. 글에는 벚나무, 모과나무, 작약, 접시꽃, 비를 흠뻑 맞은 나무와 풀들이 나오는가 하면, 천공을 뚫을 듯 비상하는 종달새와 말벌도 나온다. 세계의 온갖 사물과 현상들 앞에서 자코테는 확정적인 언어를 경계한다. 그것들에 빗대어 자신의 서정을 간편하게 표현하지 않는다. 대신, 그는 "그냥 거기 있는" 자연을 그린다. 그저 그 자체로 태어나고 사라지는 자연, 동시에 그 모든 것을 "고요히 응축"한 채 머무는 자연을 그린다. '시'이기보단 차라리 '수첩'에 적힌 메모로 남으려는 그의 글을 통해 신비로움을 머금은 자연이 드러난다.

CAHIER DE VERDURE by Philippe JACCOTTET
© Editions Gallimard, Paris, 1990
APRÈS BEAUCOUP D'ANNÉES by Philippe JACCOTTET
© Editions Gallimard, Paris, 1994
All rights reserved.

Korean Translation Copyright © 2025 by NANDA Publishers
This translation is published by arrangement with
Editions Gallimard through Imprima Korea Agency

이 책의 한국어판 저작권은 Imprima Korea Agency를 통해
Editions Gallimard와의 독점 계약으로 난다에 있습니다.
저작권법에 의해 한국 내에서 보호를 받는 저작물이므로
무단전재와 무단복제를 금합니다.

초록 수첩

필리프 자코테 지음
류재화 옮김

ㄴㄴ〉〈ㄷㄴ

일러두기

* 번역 대본으로는 Philippe Jaccottet의 Cahier de verdure; suivi de Après beaucoup d'années(Gallimard, 2003)를 사용했다. 이 책은 Cahier de verdure(Gallimard, 1990)와 Après beaucoup d'années(Gallimard, 1994)를 합본한 것이다.
* 각주는 옮긴이가 작성했다.

차례

벗나무   9

초록 수첩

장밋빛, 추운 계절에   25
   녹색과 흰색 문장紋章   29
비가 잎사귀 위로 돌아왔다   45
   상승하는 단계들에 관하여   47
여름 아침, 역광이 비치는 산들   55
   8월의 섬광   57
산들이 보라색을 띠는 이 미지근한   63
   바람에 흩날리는 파편들   67
겨울 저녁의 색들, 마치   78
   꽃들의 출현   83
얼핏 보인 가는 조각달   96

수많은 세월이 흘러

호수 전망	101
작약들	111
소브강 물, 레즈강 물	123
밤의 노트	135
화관	145
촌락	159
박물관	171
빈 발코니	179
두 초안	189
라르슈 고개에서	193
수많은 세월이 흘러	209
옮긴이의 말	221

벚나무

나는 가끔 생각한다. 만일 내가 아직도 글을 쓰고 있다면, 그건 무엇보다 우선 제법 뚜렷하고 그럴 법한 기쁨의 파편들을 모아놓고 싶어서라고, 아니 그럴 수밖에 없어서라고. 이 기쁨이, 아주 오래전 어느 날, 별처럼 폭발해 그 별가루들을 우리 안에 퍼트렸을 것만 같다. 시선 속에서 빛나는 약간의 별가루들, 우릴 뒤흔들어놓고, 홀리고, 기어코 혼란스럽게 만드는 것은 분명 이것이다. 그런데 곰곰이 생각해보면, 그 섬광을, 이 파편화된 반사광을 자연 속에서 불시에 포착하는 것이 더 놀라운 것일지 모른다. 적어도, 이 반사광들이 내겐 결코 빈약하다 할 수 없는 수많은 몽상들의 기원이니까.

이번엔, 벚나무가 그랬다. 꽃들이 만개해 그 투명한 언어로 우리에게 말을 거는 벚나무가 아니라, 열매가 주렁주렁 달린, 6월 저녁에 얼핏 보인, 저 커다란 밀밭 건너

편에 있던 벚나무였다. 마치 누가 거기 새삼 나타나 당신에게 말을 하고 있는 것 같았다. 말을 하지 않은 채, 어떤 몸짓이나 신호도 보내지 않은 채. 그저 누군가가, 아니 어떤 것이 있었다. 어쨌거나 분명 '아름다운 것'이었다. 그게 정말 어떤 인간 형상이었다면, 어떤 산책하던 여인이었다면, 내 기쁨에 떨림까지 뒤섞여 당장 그녀에게 달려가 그녀를 만날 필요가 있었을 것이다. 꼭 너무 뛰어서는 아니지만 당장은 아무 말도 할 수 없어서 그녀가 하는 말을 듣고, 내가 대답하고, 내 말들로 망을 짜 그녀를 엮어들이고, 그녀의 말들로 짠 망에 내가 엮어들어가고 했을 것이다. 운 좋게도 빛과 그림자가 섞여 좀 안정이 되었다면, 완전히 다른 이야기를 시작할 수도 있었을 것이다. 봄날, 새 샘물 속에 태어난 새로운 시냇물처럼 새로운 사랑 이야기가 시작될 수도 있었을 것이다. 그런데 이 벚나무에 대해서만큼은 어서 만나고 싶거나, 정복하고 싶거나, 소유하고 싶은 욕망을 난 전혀 느끼지 못했다. 아니 그랬다 쳐도, 차라리 만나진 건, 정복당한 건 바로 나였다. 그러니 난 더 기다릴 것도, 물어볼 것도 없었다. 이건 완전히 다른 종류의 이야기였다. 완전히 다른 만남이고 다른 말이었다. 갈수록 더 파악하기 힘든.

분명한 건, 그 자리에서 뽑혀 발췌 또는 요약되었더

라면 그 벚나무는 내게 대단한 걸 말하지는 않았으리라는 것이다. 아니, 어쨌든 똑같은 것을 말하지는 않았으리라는 것이다. 만일 내가 낮에, 다른 순간에, 그 나무를 기습적으로 만났다고 해도 말이다. 또한 내가 그 나무를 찾아가 질문을 해봐도, 아마 그 나무는 아무 말도 하지 않았을 것이다. (어떤 사람들은 자기들의 간절한 기다림과 기도로 하늘을 너무 피곤하게 한 나머지 하늘이 그들에게서 '돌아선' 것이라고 생각한다. 만일 그 말을 문자 그대로 받아들인다면 돌쩌귀가 삐걱거리는 소리처럼 우리 귀에 얼마나 거슬릴까……)

나는 지금 최선을 다해 떠올려보려 한다. 우선은, 저녁이었다. 좀 늦은 시각, 해가 저문 지 한참이 지난 시각이었다. 그런데 빛은 기대한 것보다 훨씬 길게 뉘엿뉘엿 넘어가고 있었고, 아직 어둠이 빛보다 결정적으로 우세하지 않아, 마치 어떤 은총과도 같았다. 합의된 유예, 미뤄진 결별, 둔탁함이 조금 완화된 찢어짐이랄까—마치 누군가가 환영들을 멀찍이 떼어놓으려고 한참 전에 당신 침대맡에 램프 하나 가져다놓은 것처럼. 그 진원지가 더 이상 보이지 않는, 겨우 살아남은 불빛이 만물 내부에서 퍼져나와 땅에서부터 올라가는 시각이었다. 그날 저녁에는 그 빛이 우리가 따라가는 흙길, 아니면 이미 키가 훌쩍 자란, 거의 금속성을 띤 초록 밀밭에서 퍼져나와 올라가고 있었다. 밀밭을 벨 때 쓰는 낫의 칼날이 생각났다.

일종의 변신이 일어난 것이었다. 빛이 된 이 땅, 강철이 떠오르는 이 밀밭. 동시에 상반된 것들이 서로 근접하며, 낮에서 밤으로 넘어가는 순간, 다 하나로 녹아 흐르는 것 같았다. 달이, 그러니까 베스타 무녀가 운동선수 같은 건장한 태양을 교대하러 온 것이었다. 우린 위압적 악력이나 번개 회초리가 아니라, 거의 감지할 수 없는, 애무하듯 다정한 어떤 압력에 의해 여기 와 있었다. 시간의 저 뒤쪽, 우리의 저 안쪽, 가장 가까운 것과 가장 먼 것이 그대로 이어져 있는 상상기想像期에 와 있는 것이다. 이제 세계는 퍽이나 안심이 되는 집, 아니 사원의 외양을 하고 있다. 아니면 음악의 외양, 또는 음악의 생生 그 자체. 지금의 나에게까지 이른 그것은 아주 희미한 반사광이라는 생각이 든다. 우리에게 오는 빛이 너무 오래되어 천문학자들이 "화석fossile"*이라 부르는 것처럼. 우리는 활짝 열린 대문을 통해 그 큰 집 안으로 들어갔다. 잘 보이지는 않지만 램프 하나가 둔탁하게 빛나고 있었

---

* 'rayonnement fossile'를 염두에 둔 표현으로 보인다. 직역하면 '화석 전자파'로 우주가 폭발할 때 방출된 전자파인 우주배경복사를 가리킨다.

다. 하늘은 시원한 공기가 지나갈 때나 겨우 흔들리는 유리 내벽 같았다. 길들은 모두 그 집으로 통하는 것 같았다. 풀과 낮은 이제 하나나 다름없었다. 개들의 짖는 소리와 새들의 마지막 여린 울음소리에 침묵은 끊어지지 않고 되레 커졌다. 가늘고 얇은 은판 문짝에서 나온 빛이 순간 우릴 향했다. 바로 그때였다, 바로 거기였다. 좀 멀리 저쪽에서, 그러니까 밀밭 가장자리에서, 조금만 있으면 잎들을, 새들을 재우느라 여념이 없을 밤보다 더 어두워질, 점점 더 어두워질 나무들 사이에서 버찌 열매들이 달린 큰 벚나무가 나타났다. 이 열매들은 어두운 초록 속에 붉은 것이 흐르는, 붉고 기다란 송이 같았다. 요람 속, 아니면 이파리들로 짠 바구니 속에 들어 있는 열매들. 초록 속의 붉음, 만물이 서로 미끄러져들어가는 시간, 느리고도 조용한 변모의 시간. 거의, 전혀 다른 세계가 현현하는 시간. 어떤 것이 문돌쩌귀 위에서 돌아가는 시간.

왜 이 붉은색이 이렇게까지 날 놀라게 하고 기쁘게 하는 걸까? 분명 피는 아니다. 밭 저쪽에 서 있는 나무가 상처를 입었다면 온몸이 얼룩져 있을 텐데, 그럼 난 공포 밖에 느끼지 못할 텐데. 하지만 난 나무들이 피를 흘린다고 생각하거나, 잘린 나뭇가지 하나가 살해당한 사람 같다고 생각하며 감동하는 사람은 아니다. 그것은 차라리 불이었다. 한데 아무것도 타지 않는. (나는 항상 정원과 들밭의 불을 사랑했다. 그것은 동시에 빛이자 열이었다. 또한 움직이고, 날뛰고, 물어뜯는 일종의 야생 짐승이었다. 더 심오하게는, 아니 더 설명할 수 없게는, 땅속으로 들어가는 입구, 공간을 가르는 방어벽에 난 구멍이었다. 따라가기 어려운데, 당신을 자꾸 데려가고 싶어하는 곳. 마치 타오르는 불길이 완전히 이 세상 것이 아닌 것처럼. 숨겨진 것, 다루기 힘든 것. 그러나 기쁨이라는 같은 원천. 이 불들이 아직 내 기억 속에서 타오르고 있다. 지금 이 순간에도 나는 그 옆을 지나가는 것만 같다. 누군가 되는대로 그 불을 들판에 뿌려놨다고 해도 믿을 것만 같다. 그래서 완전히 동시에 겨울과 함께 피어나기 시작할 것만 같다. 나는 눈을 뗄 수 없었다. 생각해보지도 않았는데 내가 그냥 아는 것일까? 이들이 타닥타닥 타며 죽은 이파리들로 영양분을 섭취하고 있다는 걸? 바람이 뒤흔들어놓는 단순한 나무들. 아니다, 여우들이다, 야수 친구들이다.)

그런데 저 아래 붉은 것은 불타지도 않고, 타닥타닥 타지도 않았다. 하루 끝에, 저 멀리서, 흩어진 채 남아 있는 잉걸불조차 아니었다. 불길처럼 타오르는 대신, 송이처럼, 길게 늘어뜨려진 붉은빛 또는 자줏빛 샹들리에 유리 장식처럼 흐르거나 늘어져 있었다. 아주 어두운 초록의 은신처 안에서. 아니 빛을 내며 뜨거워지기에, 멀리서 온 듯하기에, 멈춰 매달린 채 찢거나 물지 않은 불 같다고 해야 할까? 물기가 서려 있고, 습기 찬 구형 램프 속에 들어 있어 부드럽고 길들여진 불 같다고? 작은 야등 속의 불? 임박한 그러나 아직 도래하지 않은, 형성되어가는 중인 밤, 또는 어둠의 물과 혼인한, 길들여진 불송이?

이 한없는 감미로움이 밤이 다가옴에 따라 선선해지며 공기 숨결처럼 만물 위에서 전율한다. 나는 한 해 한 해 점점 꺼칠해진 우리 껍질도, 땅이 녹으면서 새 물이 지표 위로 새어나오는 듯 아주 잠깐은 부드러워진다고 믿는다.

잎들은 밤 그리고 훨씬 더 멀리 있는, 들리지 않는 강물과 어떤 관계가 있었다. 과일들은 불, 그 빛과 어떤 관계가 있었다. 우릴 멈춰 세웠던 것, 창백한 강물처럼 바람에 흔들리며 구겨지던 밀밭의 가장자리에서 우리에게 말을 하는 것 같았던 그것은, 다가가면 더 잘 보였을 다채로운 열매가 주렁주렁 달린 나무이길 멈추지 않은 채—마치 우리 주변에 있는 것들이 길이고 밭이고 하늘이기를 멈추지 않는 것처럼, 작은 자연의 기념물을 닮아 있었다. 한가운데가 봉헌된 기름으로 돌연 환히 밝아진 그 기념물은 일종의 기둥이었다. 떨 수도 있었지만 그 순간에는 꼼짝하지 않는 듯 보였던 그 기둥은 기념식을 위한 열매 송이로, 길든 불로 장식되어 있었다. 너무나 익숙한 길을 걸어가는 것이라는 생각이 들면서도, 그것을 바라보는 순간 모든 게 변하고, 전혀 다른 의미를 갖게 되었다, 아니 그제야 의미라는 것을 갖게 되었다. 마치 노랫소리, 노랫소리가 아니라면 그저 단순한 말, 단 그저 아무 말인 것은 아닌 어떤 말이 방안에서 들리는 것 같았다. 여전히 같은 방, 같은 거실이었고, 거기서 나온 것도 아니고 변함없이 파괴자 같은 시간의 그 정교한 작업의 먹잇감일 뿐이었지만, 그래도 본질적인 어떤 것이 변한 것 같았다. 그날 저녁, 아마도, 분명하게 인식한 건 아니지만, 나는 시간이, 그러니까 내가 살았던 그 시간들이, 낮이면서 밤인 시간들이 천천히 이 열매들 속으로 스며들어가 그 열매들을 동그랗게 만들고, 궁극에 붉어지게 했음을 느낄 수 있었다. 이 열매들은 모든 것을 품어 공중에 유예하고 있었고, 열매 자체도 초록빛 날개 품속 알처럼 잎사귀 은신처에 멈춘 채 매달려 있었다. 하지만 잎사귀들은 곧 검어질 것이다. 저 아래 하늘보다 훨씬 더 검어질 것이다. 하늘 아래 잎사귀들은 겨우 잠들었나 싶은데, 자면서도 가볍게 몸을 떤다……

이 열매들을 바로 따러 가는 게, 의식을 치르듯 이런 말의 성찬을 늘어놓는 것보다 나을 거라고 사람들은 생각할지 모른다. 물론 나도 이 열매를 딸 줄 안다. 나도 밝은 대낮에 그들의 터지는 빛, 건강한 둥근 뺨이며, 때론 시고 때론 수분 많은 그 맛을, 그 진홍빛을 사랑한다. 그것은 그저 또다른 이야기인 것이다. 낮의 열기 속에, 태양은 가득한데, 다른 과일을 깨물고 싶은 욕망이 득달같이 이는 가운데, 천사들이 아니라 천사보다 훨씬 나은 것들이 여름 초 눈부신 하늘을 향해 사다리를 타고 올라가는 그런 이야기.

다른 색 안에 또하나의 색, 교대가 일어나는 순간—이젠 태양 선수가 뒤이어 그보다 훨씬 느려 보이는 베스타 무녀에게 바통을 넘겨준다—심장처럼, 성화 속 예수 그리스도의 성심聖心처럼?

불타는 덤불숲.

이 잎사귀들 은신처 속의 불. 아니 그 자체로 차라리 잠의 색. 평온하고, 마음이 가라앉는 엄마 새의 깃털처럼.
이 어두운 깃털 아래 품긴 자줏빛 알.

잎사귀들 아치 아래, 저 멀리서 축제가. 저만치서, 항상 더 저만치, 멀찍이 떨어져서.

탄탈로스? 그렇다, 만일 이 과일들이 가슴들이라면. 하지만 그 형상조차 아니다.

밖에서 온 조언들. 어떤 장소, 어떤 순간들은 우릴 '고개 숙이게 한다'. 손의 압력 같은 게 있다. 보이지 않는 손이 당신에게 방향을 바꿔보라 독려한다 (걸음도, 시선도, 생각도). 이 손은 바람의 숨결일 수 있다. 잎들을, 구름들을, 범선들을 일정한 방향으로 가게 하는. 아주 낮은 목소리로 속삭이는 듯한 암시. 봐, 들어봐. 아니면 그저, 기다려. 하지만 아직 기다릴 시간이 있는가? 기다릴 인내심이 있는가? 이게 정말 기다림의 문제일까?
무엇인가 정말로 일어난 적이 있었던가?

두 손바닥에 놓인 불. 빛은 나지만, 이젠 미온이다. 둔탁한 초롱불. 최고의 여인숙에 걸맞은 최고 아름다운 표지판? 굳이 들어가지 않아도 은신처라 여겨지는 곳? 굳이 마시지 않아도 갈증이 해소되는 곳?

'열매가 가득 열린 벚나무 아래에서'. 아름답긴 하나 기묘한 간판, 또 신기루에 이끌리고 그것으로 연명하다니 재미난 여행자! 오랜 시간이 지나 이 나그네는 약간 얼이 나간 것 같고, 너무 마른 것도 같지 않나? 여름 초야의 저 부드러운 옛 애무를 떠올리게 하던 바람이 이내 거세지고 맹렬해진다. 나는 이 나그네가 오랫동안 고개를 들고 있지 못할까봐 겁이 난다. 추억이나 몽상만으로는 나이를 막을 수 없다. 기도로도 안 된다. 하지만 누가 어떤 것이라도 약속해줄 수 있겠는가? 당신의 잠을 달아나게 할 정도로 아름다운 이런 미끼보다 더한 것을 누가 당신에게 약속해줄 수 있겠는가? 너무 아름다워, 그저 미끼에 불과할 리 없다고 그는 거의 광적으로 계속 생각하고 있다.

초록 수첩

장밋빛, 추운 계절에
갑자기 나타난 장미*처럼.

눈은 내리지 않았다.
그러나 바위들 사이 용맹한 물살들,
숲길 가득한 제비꽃.

풀 때문에 푸른 물.

장밋빛, 한 해의 문 커튼.

뺨에서 살짝 달아나는 장미처럼
땅에 닿기도 전 사라지는
착한 눈雪.

저 초록 협곡, 꽃도 새도 없이, 매달려 있는, 일종의 푸른 테라스. 그 위로 구름들이, 저 뒤에 파여 있어 잘 보이지도 않는 차가운 구렁 속을 튀어나온 짐승들처럼 재빨리 지나간다. 그러나 가축들 사라진 지 이미 오래인 방목장.

찬란한, 역광을 받아 안개처럼 뿌옇게 보이는 빛 속에는, 풀로 된 일종의 해먹, 높은 곳에서는 활기차고 땅 가까이에서는 부드러운 공기, 밝은 대낮까지 켜둔 램프 같기도 하고, 달, 아니 젖빛 가슴 같기도 한, 저 닳아빠진 상아색 양떼들.

자, 더 가야 해요. 에메랄드로 변해 초원 같은 산 호수가 나올 때까지요. 아마 거기서 물을 마시진 않을 거예요. 어쩌면 그래서 지금 그걸 볼 수 있는 거예요. 흩어져 도망가는 짐승들을 마주치듯 산속 에메랄드 호수들이 나와요. 그러니 봄은 눈부신 먼지 가루.

* 이 단락에는 두 개의 rose가 나온다. 하나는 여성형 명사로 쓰였고 다른 하나는 무관사 명사로 쓰였다. 프랑스어로 장미 '꽃'은 여성형 명사이고, 장미 '색'은 남성형 명사이다. 한편, 스위스 고지의 산들은 봄여름에도, 겨울에 쌓였던 눈이 다 녹지 않고 그대로 남아 있어 태양 반사광이 비치면 눈이 흰색이 아니라 장미색을 띠는 것으로 유명하다. 시인은 스위스 특유의 산 정경을 묘사하며 봄인데도 겨울 눈의 분홍빛 광채가 어른거리는 기묘한 빛의 아우라를 장미 또는 장밋빛에 빗대어 표현하되, 꽃을 가리킬 때는 분명히 여성형 명사로 쓰고, 이 빛을 가리킬 때는 남성형 명사가 아닌 무관사 명사로 쓰고 있다. 이로써 은밀히 가리면서도 결국은 드러나는 효과가 생긴다.

녹색과 흰색 문장紋章

빗속을 한참 달려 돌아오는 길에, 뽀얀 안개 서린 자동차 문으로 보인 전혀 다른 것. 무성한 풀 언덕 때문에 바람 불어도 끄떡없을 것 같은 4월의 저 작은 모과나무 과수원.

나는 속으로, 꽃이 피면 저기 서 있는 나무보다 더 아름다운 것은 없다고 말했다(나는 나중에 다른 장소, 같은 나무 앞에서 또 이 말을 하게 될 것이다). 그때 난 내 고향 사과나무와 배나무들은 잊었나보다.

아름다움이라는 단어를 사용할 권한이 이젠 우리에게 없어 보인다. 사실 이 단어는 닳고 닳았다. 물론, 나로서야 아름다움이라는 게 뭔지 잘 안다. 그렇긴 해도, 생각을 해보면 나무들에 대한 이런 판단은 이상하다. 나로선, 그러니까 정말이지 세상에 대해 별반 아는 게 없는 나로선 세상에서 '가장 아름다운' 것이 본능적으로 느껴지면, 그게 바로 세계의 비밀에 가장 가까운 것이 아닐까 생각한다. 공기를 거쳐 우리에게까지 전달된 전언을 가장 충실히 번역한 것이 아닐까 생각한다. 글쎄, 아니면 달리 파악이 안 되는 무언가를 향하는 가장 정확한 통로, 들어갈 수는 없지만 문지방 너머로 잠깐 드러나는 공간을 향하는 통로일 수도 있겠다. 만일 그런 게 아니라면, 우리가 거기에 푹 빠진 게 정말 기가 찬 일이 될 것이다.

나는 바라보았다. 나는 추억 속에 서성거렸다. 이 모과나무의 개화는, 벚나무나 아몬드나무의 개화와는 달랐다. 날개들이나, 벌떼들, 하얀 눈이 전혀 떠오르지 않았다. 전체가, 꽃들과 이파리들이, 더 단단하고, 더 단순하고, 더 침착한 어떤 것을 품고 있었다. 또한 더 두텁고, 더 불투명한 어떤 것을. 비상하기 전 몸을 떨거나 진동하는 새들 같지도 않았다. 계시나 약속, 미래를 품고 온몸을 앙다물고 무엇을 새로 시작한다거나, 새로 생겨난다거나, 솟아난다거나 하지도 않았다. 그냥 거기, 있었다. 눈앞에, 조용히, 부인할 수 없게. 이 개화가 다른 나무들보다 더 오래가진 않았어도, 연약함이나 덧없음 같은 인상을 시선에, 마음에 준 것도 아니었다. 이 나뭇가지들 아래나 그늘 속에 우울함이 들어설 자리는 없었다.

녹색과 흰색, 이것이 이 과수원의 문장紋章이다.

이 두 가지 색을 몽상하고 성찰하니, 순간 『새로운 인생 Vita Nova』*이 떠오른다. 이 작은 책은 후대의 또다른 이탈리아 천재 클라우디오 몬테베르디**를 따라 마드리갈 연가풍의 글을 습작할 때 여러 번 읽었던 것이다. 사실, 난 이 제목을 생각하면, 순수함만큼이나 고매함을 지닌 젊은 귀족 부인들의 상image이 떠오른다. 음악가들처럼 한 무리로 모여 걷거나, 한담을 나누거나, 심각했다가, 웃기도 하는, 순수하지만, 비현실적인 순수함은 아닌, 당시 회화 작품 어디에서나 볼 수 있는 아주 도담한 천사 자매들 말이다. 초록색 수를 놓은 하얀 드레스를 입은 이 젊은 여인들은 1957년 판본 『히페리온』의 표제를 장식하고 있던 봄의 여인(내 기억이 맞다면, 그리스 회화, 혹은 그 복제본이었을 것이다. 젊은 여인이 푸른 초원을 배경으로 하얀 꽃을 따고 있었고, 약간 노란 색깔의 드레스를 입고 있었다)처럼 내게 보였다. 아니면,

---

*   단테 알리기에리의 첫 작품. 1293년과 1295년에 쓴 것으로 짐작되며, 시와 산문이 번갈아 수록되어 있다.
** 클라우디오 몬테베르디(Claudio Monteverdi, 1567~1643). 17세기 바로크 전기에 활동했던 이탈리아의 오페라 작곡가. 마드리갈 작곡가로 특히 유명하다. 반음계 기법을 세련되게 활용했고, 극적 효과를 위해 한 사람의 가수가 노래하는 단성 마드리갈을 만들어냈다.

화관을 쓰고 목에 꽃을 두른 보티첼리가 그린 〈봄〉의 플로라*처럼도 보였다(청춘의 고귀함, 『새로운 인생』의 고귀함을 생각하면, 횔덜린의 글이 떠오르지 않을 수 없다).

그러나 『새로운 인생』을 다시 읽고 나서, 베아트리체가 단테에게 두 차례 나타날 때 입었던—두번째는 꿈에서 나타났다—붉은 핏빛 드레스를 제외하곤 색이라고 할 수도 없는 흰색 외에 다른 색에 대한 언급이 없다는 것을 확인하고는 적잖이 놀랐다. 그 글은 지금 내가 기억하는 것보다 훨씬 엄격하고 잘 파악되지 않는다. 색이 부재한다고 해서 생기가 없는 것은 아니다. 그보다는 유리 언어로, 반투명 언어로 쓰였다고 말할 수 있을 것이다. 부드러우면서도 너무 멀어 잘 잡히지 않기에 가끔은 가슴을 에는 빛줄기가 그곳을 지나가도 무방할 것 같은, 어떤 유리 푸가를 듣는 것도 같았다. 구체적인 것을 포함하는 엄밀한 의미에서의 비유가 유일하게 18장에서 나온다. "아름다운 하얀 눈이 섞인 물이 가끔 떨어지는 것을 보듯, 내겐 그들의 말이 한숨과 섞여나오는 것처럼 보

---

*   로마신화의 봄과 꽃의 여신으로, 자연의 생명력과 기쁨, 재생을 상징한다. 보티첼리의 회화 〈봄〉에서는 꽃을 흩뿌리며 등장하며, 생의 환희가 시각적으로 구현된 인물이다.

였다." 따라서 가장 가볍고, 가장 투명한 질료에 말이 비교되는 것은 우연이 아니다. 이어지는 다음 장에 메아리처럼 단테가 이렇게 쓰고 있는 것도 우연이 아니다. "이어, 아주 맑은 시냇물이 흐르는 길을 따라 걷다가, 비로소 어떻게 행동해야 할지 생각하게 되었다고 말하고 싶은 강렬한 욕망에 사로잡혔다……" 여기서도, 걸음과 말밖에 없다. 단테는 지나간다. 그리고 말을 한다. 단테는 웃는 것을, 우는 것을, 말하는 것을 듣는다. 『신곡』에서, 그 무한히 느직하고, 가파른 풍경에서 그가 이것 말고 달리 하는 것은 없을 것이다. 그러나 걸음은 더 단호하고, 만남은 더 다양하고 진지하며, 말은 더 확신에 차 있고, 깊고, 충만할 것이다.

이 나무들에 가까이 다가갈 필요가 있었다. 분홍빛이 겨우 물들었을 뿐 꽃들은 하얬고, 차례로 밀랍이 생각났다가, 상아가 생각났다가, 우유가 생각났다. 밀랍 인장일까? 이 적막한 집에, 녹색 방에 걸려 있는 상아 메달일까?

예전에 교회에서 종 모양의 유리 덮개 아래 놓여 있던, 진짜 꽃다발보다 잘 상하지 않는 장식물인 밀랍 꽃이 생각났다. 그러고 나니 아주 자연스럽게 베를렌의 가스파르 오제*가 감옥 바닥에서 꿈꾸었던 삶과도 같은, 이

"단순하고 조용한" 과수원이 내겐 초원 속 하얀 성당처럼, 길가의 단순한 기도실처럼 보였다. 이 길가에는 들판에서 꺾은 꽃들로 만든 꽃다발이 아무런 소리도 내지 않고, 어느 날 정말 간절한 손길로, 아니면 그냥 무심한 손길로 그 꽃다발을 놓고 갔을 행인을 위해 저 홀로, 계속해서 기도하고 있다. 그 행인이 고통에 시달리고 있거나, 기쁨을 향해 걸어가는 중이었기 때문이다.

녹색과 흰색.

"그래, 바로 그때였다. 머리를 살짝 딴 아주 단순하고 어여쁜 할미새가 이 골짝 저 골짝, 이 언덕 저 언덕을 다니고 있었다. 정숙함을 위해 가려야 하는, 언제나 가려야 했던 것을 가리는 데 필요한 옷 외에는 아무것도 걸치지 않았다. 그들 장식이란, (…) 초록 우엉 이파리 몇 장과 얽힌 송악 이파리 몇 장이 전부였다……"

* 폴 베를렌의 시에 나오는 작중 인물. 가스파르 오제는 시골에 사는 가난한 청년이다. 가진 것이라곤 조용하고 침착한 눈밖에 없다. 여자들을 보면 아름답다고 생각하지만, 여자들은 그를 아름답다고 보지 않는다. 전쟁에 나가 용감하게 죽고 싶지만, 전쟁은 그의 죽음을 원치 않는다.

돈키호테는 깜짝 놀란 목동들 앞에서 황금시대를 상기한다. 에브레강 위, 마법에 걸렸다고 믿었던 나룻배에서 힘겨운 모험을 막 끝내고, 그는 아리따운 사냥꾼을 만나 위로를 받는다. "따라서, 그 이튿날, 해가 뉘엿뉘엿 기울 때, 숲에서 나온 돈키호테는 푸르른 초원에 눈길을 던졌고, 그 끝 언저리에 여러 명의 사람이 있는 걸 보았다. 가까이 가서 보니, 매사냥꾼들이었다. 그래서 더 가까이 갔고, 또다시 보니, 초록 마구에 은색 천 안장을 한 의장마 혹은 온순한 작은 말 위에 올라탄 우아한 귀부인이었다. 이 부인도 말과 비슷하게 초록 옷을 입고 있었다……"

전원풍의, 서정적인, 황금시대에 대한 향수. 전혀 다른 초원을 앞에 두고, 내가 이런 몽상에 빠져들었다 해도 꼭 얼토당토않은 건 아니었다. 세르반테스는 이 시대를 처음으로 조롱한 자였지만, 너무나 정성스럽게 재창조한 것으로 보아 그 시대의 취향까지 잃어버린 것은 아니었다. 물론 둘시네아*에 대한 환멸은 미덥지 못한 마법사에 의한 것이 아니라 성숙하고, 명철하고, 객관적인 시선에 의해 나온 것이다. 이와 똑같은, 혹은 더 악화된 실망

---

* 『돈키호테』에서 돈키호테가 이상화한 여성. 본명은 알돈사 로렌소로, 실제로는 평범한 농촌 여성이지만, 돈키호테는 그녀를 고귀한 여인이라 믿으며 기사도적 사랑의 대상으로 삼는다. 여기서의 "환멸"은 그녀가 이상적 존재가 아님을 깨닫는 순간을 뜻한다.

은 후대에 레오파르디를 더 절망으로 몰고 갔다. 그렇지만, 매혹은 여전히 존재하고, 아직도 재생되고 있다. 우리 역사에서 가장 준엄한 시기일 수도 있을 이 시기에 말이다. 우리는 그 수혜자들인 것이다(아니면, 그 희생자들일 수도). 그렇다고 그에 대한 꿈을, 아니면 추억을, 세계로부터 떼어놓을 수는 없다. 플로라의 승리가 아니라 플로라의 패주일까? 아니면 그냥 훨씬 짧은 승리? 그 승리는 노래와 웃음으로 장식된, 길을 행진하는 마차이다. 숲의 모퉁이로 사라져도 어쩔 수 없다. 우리 역시도 그 마차에 올라탄 적이 있다, 벌써 저만치 간 여름날처럼. 마차가 머추지 않기에, 축제가 끝날 거기에, 음악가들과 무용가들이 언젠가는 연주하고 춤추기를 그만둘 거기에, 우린 그 선물을 거절해야만 하는 걸까? 그 은총을 조롱해야만 하는 걸까?

녹색과 흰색. 온갖 색들 사이에 있어도 행복한 색들, 다른 색들보다 자연에 가까운 색, 전원적인, 여성적인, 깊고 깊은, 신선하고 순수한, 둔탁하기보다 고요히 응축된 색, 평화롭고, 안심이 되는 색……

실제 세계 혹은 옛날 책에서 온 어렴풋한 상들이 내

정신 속에서 기쁨과 뒤섞인다. 여성의 형상이 그들의 드레스와 머리를 장식한 꽃이나 이파리들과 거의 구분되지 않는다. 그녀들은 당신을 자기들의 원무 속으로 끌어들이고, 자기들의 노래로 당신을 감싸기를 원할 뿐이다. 타격을 피하려면 그곳이 안전하니까, 그래야 상처가 치료되니까. 감싸주고, 상처를 치료해주고. 그렇다, 〈돈 지오반니〉의 마제토에게 체를리나처럼.* 체를리나, 아니면 체를리나의 분위기가 난다(이게 다 하나지만). 감싸주고, 귀를 멍하게 하고, 아마도 적당히 속이기 위해서. 때론 직설하는 것보다 속이는 게 더 나으니까.

모든 과수원에서 완벽한 거처를 찾을 수 있다고 나는 정말 생각한다. 배열은 유연하고, 벽은 다공질이고, 지붕은 가벼운 장소. 빛과 그림자의 결혼식을 위해 너무나 잘 배합된 방, 인간의 모든 결혼식은 이곳에서 치러야 하리. 결국 무덤이 되고 만 그 많은 교회들에서보다.

반은 녹색이고 반은 흰색인 이 과수원은 시골 결혼식과 봄 축제의 문장紋章이다. 갈대 피리와 작은 북이 울

---

* 모차르트의 오페라 〈돈 조반니〉에 등장하는 인물로, 농부 마제토의 약혼녀. 순박하고 헌신적인 연인으로 등장하지만, 돈 조반니의 유혹 앞에서 잠시 흔들리기도 한다. 체를리나는 마제토를 혼란하게도 하지만 결국 애인의 마음을 안심시킨다.

리는데, 약간의 안개가 섞여 귀가 먹먹해지는 음악.

이상야릇한 축제, 재미난 전원시. 그도 그럴 것이, 이 요정들과는 춤을 출 수 없으니, 단 한순간도 요정의 손을 잡을 수 없으니!

이 밀랍 인장들, 편지가 밀봉되었다면, 그 내용물을 읽기 위해 깨뜨려야 하나?

단단하고, 불투명한, 고요한 색. 전율하는 것도 하나 없고, 날개를 파닥거리는 것도 하나 없고, 진동하는 것조차 없더니, 이젠 움직임도 없는 듯. 아니다, 아직은 그래도. 그렇다고 수면 상태는 아니고, 뻣뻣하거나 굳어 있는 것은 더더욱 아니다. 촛불들, 이게 성당의 촛불들이라면, 죽은 자 불침번 서는 불빛이 아니다. 침대나 책을 밝히는 것도 아니다. 더욱이 불타오르지도 않는다. 그조차도 너무 많은 움직임, 열기, 불안일 것이다.

이 세계에 내가 마시게 될지도 모르는 정말 많은 것

들, 나를 목마르지 않게 해줄 많은 것들, 웃음 같은 가벼운 것들, 시선 같은 투명한 것들. 여기서는, 풀 속 샘물의 모습이 반쯤 드러난다. 다만, 젖빛 샘물처럼 보인다. 그러니까 다시 말해⋯⋯ 어쨌든 이 샘물 옆에선 발소리가 들리지 않아야 한다. 두뇌와 심장 속도가 느려져야 하고, 거의 스스로를 잊어야 한다. 행복한 소멸 언저리에서, 바깥으로 흡수되지만 어디서부터 흡수되는지 알 수 없는 그런 상태에서. 순수한 은총으로 제공받은 음식. 물보다는 덜 생생하고, 덜 투명하지만, 뭐랄까 그 동물적 기원 때문에 더 두텁고, 진하고, 더 달콤한 물. 물처럼 어떤 얼룩도 없지만 물보다 훨씬 부드러운 물.

그 모든 색 중에서 녹색이 가장 신비롭고, 가장 위안이 될 수 있을 것이다. 아마도, 그 깊은 곳에 낮과 밤이 조화롭게 있어서일까? 초록이라면, 곧 식물인가. 모든 풀과 모든 이파리. 우리에겐 녹음綠陰, 서늘함, 잠깐의 안식처. ("이 잠깐의 안식처에 마음을 다 주진 마요.") 내가 열여섯 살에 읽은, 절대 잊히지 않는 〈에구기 부인〉이라는 노能*에서 한 부인이 승려에게 한 말이다. 그러

---

* 일본의 전통 가면극으로, 14세기 무로마치 시대에 확립된 정적이

나 이 말은 반대로, 거기서 절대 떨어지고 싶지 않다는 말이겠지?

내가 지나갈 때 누가 그걸 내게 내밀었을까? 단정한 외관에도 사실 그저 갈증난, 구걸하는 자에 불과하다는 것을 누가 알아본 걸까? 아니, 난 이 잔 뒤에 무슨 손 같은 게 있다고는 생각하지 않는다. 바로 그래서 거기에 신비가 있다는 것이다. 이번엔 어떤 도우미도 거실 가장 안쪽 어두운 구석에 진중히 서 있지 않다. 그렇다고 어느 신의 탐욕으로부터 벗어나려고 나무로 변신한 존재가 있는 것도 아니다. 이제는 더이상 그런 게 필요하지 않은 듯했다, 적어도 그날 그 장소에서만큼은 필요하지 않았던 것 같다. 그렇다면, 그 도우미는 당신 마음속에 있었던 것일까.

지나가는 길에 인사. 인사를 하러 일부러 온 것도 없

고 상징적인 예술 형식. 극적 행위보다 움직임과 음악, 상징과 정서를 통한 암시적 표현에 중점을 두며, 죽은 자의 영혼, 자연, 무상無常 등을 주제로 삼는다.

고 우릴 조금이라도 걱정해주는 이도 없는데. 그렇다면, 왜, 이 하늘 아래, 목소리도 없는 그 무엇이 우리에게 말을 하는 것일까? 회상? 조응? 아니면 일종의 약속?

그 움직임을 보아하니, 온누리를 다시 꿰매는 새들 같은데.

우리는 지나갔다. 우리는 4월 이 음영의 젖을 마셨다, 우리의 눈으로.

아마도 이 차분한 이파리들은 진짜 알들을 품고 있었던 걸까? 상앗빛 부활의 알을?

아니면, 그저, 얼른, 이 나무를 그리면서, 난 마지막 천사, 그러니까 우리가 신뢰할 수 있는 유일한 것을 그린 것은 아니었을까? 왜냐하면 그 천사는 어두운 땅 밑 세계에서 나왔기 때문이다.

다른 천사들보다 훨씬 시골스러운, 목동 같은 천사?

우리도, 우리조차도 이렇게 스스로를 고양하여 상앗빛 잔을 하늘을 흉내내며, 하늘을 향해 들었던 적이 있다. 충분히 고요한 이파리들이 우릴 감춰주었던 덕분에.

마음대로 잡히지 않으니, 그래서 아름다운 것.

'양우리'의 마지막 메아리, 청각의 한계선에서나 겨우 들릴 법한 되울림. 왜냐하면 이 잔에서 흐르는 젖은 그 어떤 물보다 조용하니까.

비가 잎사귀 위로 돌아왔다. 며칠 새 더 많아지고, 두터워진 잎사귀. 그림자 하나가 이 연한 둥지에 포로로 잡혀 있는 것만 같다.

비 아래, 잎사귀들의 행복한 증식. 며칠 만에 동굴, 정자, 아니 컴컴한 장롱이 되었다. 아롱대는 드레스들 걸려 있는 장롱.

샘물 숨긴 식물, 식물 색 띤 샘물, 그 샘물 위로 물안개 피어나듯 희미한 흔들림이…… 저 밑에서부터 올라오는 격정을 억누르며 예리하게 벼리는 베일.

달빛으로 가장자리 은은한 구름 아래 앉아 있는 것만 같은, 여태 한 번도 본 적 없는 자들.

마지막으로, 그 숱한 환영들 사이를 지나가시거든, 이 풀빛 샘물보다 더 높은 하늘은 없다고 전해주시길.

상승하는 단계들에 관하여

하지 밤의 끝, 랑스산* 정상의 종달새 노래. 얼음장 같은 차가움 속의 이 취기, 태양이라도 소환할 듯 치솟는 로켓. 나야 희부연한 태양 반사광이 아주 천천히, 흐리게 저 바위산 그림 그리는 것이나 볼 수 있었을 뿐.

아주 가까운 풀숲에서 종달새들이 튀어올랐는데도, 난 잘 보지 못했다. 마치 밤의 저 깊은 단계들을 하나하나 기어오르듯 점점 더 위로 올라가는 것을 들었을 뿐이다. 내 영혼이 주님을 찬양합니다 Magnificat anima mea.

종달새들은 차가운 바람 회초리를 맞았는지 뒤흔들

---

*   프랑스 남동부 드롬 지방에 있는 암벽이 많은 바위산으로 정상은 1,340미터에 이른다. 바로 넘어 알프스산맥이 이어진다.

리는 저 키 높은 풀숲에서 동시에, 아니 거의 동시에, 보이지는 않지만 여럿이서, 마치 로켓처럼 소리를 내며 튀어올랐다. 바람 속에 간신히 서 있으며 들은 것이긴 하지만, 자기들만큼이나 안 보이는 일종의 닫집 또는 천개 같은 것을 기쁨의(아니면 분노의) 탄성으로 더 높이 들어서 올리느라 여념이 없는 것 같았다. 왜냐하면, 아직도 깜깜한 밤이었기 때문이다. 이 검은 하늘에 거품이 부글부글 이는 커다란 술잔을 헌물로 내밀고 있는지도 몰랐다(그래서 길을 잃은 산책자가 이 야성적인, 이해할 수 없는 의식을 불시에 목도하게 된 것인지도 모른다).

하지만 거기엔 닫집도, 술잔도, 성가도 없었다.

종달새에 대해, 뷔퐁은 이렇게 썼다. "그들은 날면서 노래하는 몇 안 되는 새들 가운데 하나다. 올라가면 올라갈수록 목소리가 더욱 강렬해진다."

또 이렇게도 썼다. "이 새들은 어떤 천체들에 대한 적대감을 가지고 있다고 하는데, 가령 아크투루스*가 그것이다. 이 천체는 태양과 거의 동시에 기상하는데, 그때면

---

* Arcturus. 대각성大角星이라고도 번역되는데, 봄 밤하늘에 보이는 별자리로 목동자리의 알파별이다. 북쪽 하늘에서 가장 밝은 별이다.

이 새들은 입을 다문다. 분명, 그 시간에 이 새들은 털갈이에 들어갔을 게다. 의심할 바 없이, 아르크투루스가 기상하지 않을 때도, 이들은 털갈이에 들어갔을 게다."

그것은 정말 광적인 노래였다. 창백한 바위산들을 채색하러 어서 와야 할 태양이 이를 지체하고 있으니, 태양을 불러내느라 그렇게 미친듯이 노래하는 거라고 믿어도 좋을 정도였다.

얼어붙은 바람에 채찍질을 당해 얼얼해진 키 높은 풀들 위로, 밤의 거대한 뚜껑을 들어올리느라 안간힘을 쓰고 있는 천사 부대를 상상해도 무리가 없을 정도였다.

문은 절대로 열리지 않을까? 태양을 소환하기 위한 외침이 부족하지는 않았을 것이다.

이 작은 피조물의 상승과 노래 속에는 지금까지 나를 아연실색하게 만드는 격정이 있다. 물론, 살롱을 매혹하는 아리에타나 엘레지는 아니었다! 거의 전적인 어둠과 추위의 일제사격 속에서 그것은 청각과 하늘을 송곳처럼 뚫었다. 터무니없는 말 같지만, 이 소리와 사라지려면 아직도 먼 천체 간에 어떤 상관성이 있는 것 같았다.

나사로는 돌무덤 속에 아직도 누워 있는데
그들은, 이 창백한 바위들 위에서, 지치지 않고, 잘 보이지 않으며, 고집스럽고, 광적이다.

 태양을 강제로 소환하겠다며 이렇게까지 울어대는 자가 누가 있던가?

 별들보다 더 째지는 소리를 내니 저러다 실신할지 모르겠다.

 이 모든 것들 가운데서도 가장 놀라운 것. 그것은 이 파리한 바위들, 이 얼얼한 추위, 그리고 무엇보다 하늘을 강요해 마침내 동이 트게 하려는 듯한, 부활을 강요하는 듯한, 나사로를 끌어내려는 듯한, 밤이라는 돌판의 무게를 들어올리려는 듯한 이 광적인 도전.

모든 줄이 끊어질 듯 팽팽하다.

이 암흑의 순간 매서운 추위 속에 있는 산처럼, 나는 내게도 빛이 들어오기를 기다렸다. 나사로처럼 바위 석관 밖에 우뚝 서기를 기다렸다. 한편 바람은 쇠스랑이 흙을 가르듯 풀을 흔들고 있었다.

나는 그처럼 죽어 있었다. 맹렬한 바람 공격과 매서운 추위 채찍질 외에는 아무 일도 일어나지 않았다,

잘 보이지도 않는 그러나 지치지도 않고 소리 지르는 로켓 같은 이 새 무리의 갑작스러운 출현이 없었다면.

또 언제나 더 높이 어둠의 계단을 올라갔기에 이들은 무덤의 어두운 돌판을 들어올리느라 저렇게 안간힘을 쓰고 있는 것 같았다.

아니면 다 함께, 문 하나를 두드리고 있는 것 같았다,

작은 미친 천사들처럼, 날카로운 목소리(환희에 찬 소리이거나 절망에 찬 소리이거나, 딱히 그게 뭐라고는 말할 수 없지만) 외에는 그 어떤 다른 연장도 없는, 악착같은 작은 노동자처럼

이 어두운 돌판을 들어올리려고

돌쩌귀 위에서 꿈쩍도 하지 않을 것 같은 이 문을 두

드리려고 안간힘을 쓰고 있는 것 같았다.

산속에서 이 비슷한 집요함과 분노로 두들기는 자라면, 태양 또한 들어올리지 않겠는가?

여름 아침, 역광이 비치는 산들. 이건 그냥 물의 산이다.

시가 잠시라도 무쇠 같은 운명을 구부려 방향을 바꿀 수 있다면. 그 나머지는 다변가들에게.

말벌과 불. '불의 말벌'이라고 쓰는 것은 쉬운 시가 될 것이다. 하지만 둘 사이에는 관계가 있다. 숯불이 당신 얼굴에 튈 때처럼.

밤 내내, 지평선 전체에, 아주 드문 일이지만, 천둥이 굴러간다. 저 먼 동방 오케스트라의 집요하고 긴 타악기 소리처럼.

아니면 다시 움직여 맞춰야 할 해골들 소리처럼.

8월의 섬광

8월 밤늦게
황소자리 눈이 붉어진다
대지에 곧 씨를 뿌릴 듯이.

황소는 안다, 조만간 자신이 도축당할 것을.
그리고 하늘 이쪽
방목장에는 암소 한 마리 없다.

이 말벌들은 도대체 어느 숯불 화로에서 튀어나왔는가?

난, 내 생각들이 불타오를 때,
그 이유를 안다.

오늘밤,
얼음처럼 차가운 바람이 별들을 후려친다.
별들 또한
더 탐욕스럽게 불타오르는 것 같다.

별들에게도
불가능이란 게 있을까?

신들처럼 위엄 있게 앉아 있는 구름들,

밤을 향해 갈 때면 자줏빛으로 가장자리 접어 감치고.

실개천처럼 빠르게 움직이는 무족 도마뱀,
던지는 눈길보다 빨리 달아나는,

서늘한 입술 달린 무족 도마뱀.

이 모든 짐승들
아니 보이지 않는 정신들

왜냐하면 암흑에 가까워지기 때문이다.

선생님, 이번 여름은 별이 너무 많아요,
쓰러진 친구들이 너무 많아요,
알쏭달쏭 모르겠는 수수께끼가 너무 많아요,

시간이 지날수록
나는 점점 더 무지렁이가 되어가나보다
조만간 나도 멍청이가 되어 가시덤불 속에서 끝날 거다.

설명 좀 해봐요, 잘도 달아나는 선생님!

그 대답으로, 길가에는

개쑥갓, 어수리, 치커리가.

산들이 보라색을 띠는 이 미지근한 새벽하늘 속, 둥근 달이 녹을 때, 두 말똥가리가 조용히 그들의 나선 비행을 교차한다.

속눈썹, 또는 입술 위에 호의적인 새들.

1988년 9월 26일 하루종일, 내 눈 아래 펼쳐진 세계는 여태 한 번도 보지 못한 가장 큰 고요 속 부동으로 있었다. 이따금 한번 바람이 불었는데, 그저 심장에 부채질을 해주려는 것 같았다. 그때, 방투산*은 우리 문지방 위에 앉아 있는 저 먼 나라의 스핑크스처럼 보였다. 이 세계가 최소한의 동요에도 흔들리지 않도록 거기 그렇게 앉아 있는 것 같았다.

새벽, 걷어낼 장식물이라곤 9월의 성좌밖에 없는 어떤 몸을 꿈꾸기.

저기 저 멀리 감춰진 몸, 때론 가까워 덜 감춰진 몸. 초자연적인 빛으로 가득한 화덕이 있는 집.

겨울, 오후 끝 무렵의 장중한 색들. 엷은 황갈색에 갈색, 자주색, 보라색. 짙은 녹색, 아득한 푸른색. 그런데 오늘, 지평선과 아마도 눈을 머금은 기다란 구름들 사이에 청춘처럼 아니면 천사처럼 보이는 너무나 맑은 하늘 조각.

* 프랑스 남동쪽 프로방스알프코트다쥐르 지방에 있는 산으로, 해발 고도가 1,912미터이다.

거기다 조용하고, 인내심 깊고, 확신 가득한 조언을 해주는 담쟁이덩굴이 울타리 벽을 뒤덮고 있는 커다란 정원.

둥근 천장에 가벼운 화관 장식을 한 금실 좋은 '부부의 방', 장미꽃처럼 보이는 희귀한 구름들로 마냥 생기 도는 확 트인 공간. 저 상공에서의 항해와, 저 아래 항구의 행복한 웅성거림을 한눈에 휘감듯.

우리에게 전속된 천사들은 아마 겨울 하늘 노랑 속에 몸이 장밋빛으로 붉어지는 저 구름들밖에 없을 것이다.

바람에 흩날리는 파편들

그래, 그래, 그거야,
바로 그거야!
그녀가 외쳤다.

그녀의 얼굴은 앞에 있는 어떤 것 때문에
밝게 빛나는 듯했다.

기억하시길.

만일 죽을 만큼 부드러운,
몸을 내리쬐는
느린 번개 같은 것이 있다면,
죽음이 당신에게서 앗아가는 것이 바로 그것이라는 것을.

이 다른 뇌우는
이빨조차 부드럽다.

새해.

정원 정문에서 눈으로 뒤덮인 방울을 꺼낸 게
우리 아버지였을까?

큰 집이 선물과 드레스들로
꽉 차 눈부시다.

보통은 우거진 잎들에 여과되어
햇볕이 들어오는 유리문으로,

이 겨울밤, 너에게 오는 건 누구일까?

천둥에 못 버티고
오늘은 창공도 갈라진다.

옛 세계에선,
뇌우가 칠 때마다, 거의 매번
옷 벗은 님프와
조용한 목동이 그에 화답했다.

님프는
두 비명 사이에서
두 눈물의 비명 사이에서
"난 잎사귀들에서 안식처를 찾았어요.
그리고 잠들어 있는 애인도요" 하고 말했다.

그러니 목동이 하는 말.
"세상이 끝나가는데, 잘됐군요.

당신의 가슴을 부풀게 만드는 건
그래도 아직은 은하수예요."

시간이라는 담쟁이덩굴이 질식시켜
주름지고, 손상된 나무 몸통,
장미 한 송이가 살짝 건드려만 준다면, 다시 푸르러질 텐데.

폐허라기보단 강물이라고 말해.
아니, 모든 폐허가 실은 이 강물 같은 폐허.

자리에 없는 목동들이 해야 할 것.

구름들이 잘못 조언해 달아나고 있는
암사슴들을 붙잡아둘 것.
강물이 땋아놓은 머리를 풀어놓을 것.
협곡에 난 저 희귀한 풀들을 아껴둘 것.
산속 나무들 하나하나가 리라처럼 몸을 꼬고 있으니
돌들 상아를 울려서라도 연주할 것.

(시인의 무덤)

오해하지 마시길.
이 행들을 쓴 건 제가 아니랍니다.
어떤 날엔 깃털 하나가, 또 비 한줄기가,
또 어떤 날엔, 사시나무 떨림이 그런 거랍니다.
사랑받은 그림자 하나 이들을 살짝 비춰주었을 때 비로소.

한데 정말 끔찍한 건, 여긴, 가까이도, 멀리도,
아무도 없네요.

이 밤,
이 밤의 순간에,
나는 신들이 비록 세계를
다 불태울지언정,
미지 속에
장미꽃 다시 피울
작은 잉걸불 하나 남을 것이라 믿는다.

그걸 생각했던 건, 그걸 말했던 건 내가 아니다.
그건 이 겨울의 밤,
아니, 이미 지나버린 이 겨울밤의 순간.

겨울 저녁의 색들, 마치 코르도바의 오렌지 정원 속을 다시 걷듯이.

"만일, 석양에 물든
가장자리 황금빛 구름을 보고
방금 태양이 지나가버린 것을 알지 못했다면,
목동들은 슬픈 신세 타령을 멈추지 못하고,
들어주는 이라곤 산밖에 없는 노래를
아직도 부르고 있으리라.
높은 산 발치
무성한 나무들엔 벌써
그늘이 어둑하고, 빛을 탐하던 태양도
인색해져 도망치듯 사라져갈 때, 목동들은
그제야 몽상에서 빠져나와
가축 무리들을 데리고
터덕터덕 집으로 돌아간다……"

"샘물들이 산들 가장 높은 비탈에서 종소리 울리네."
이건 내가 1946년에 썼던 야심 찬 『레퀴엠』의 한 행이다. 그 무렵 막 겪었던 것에 대한 기억으로부터 탄생하여 여러 해가 흘렀어도 여전히 내 안에 강렬하게 남아 있던, 산속 어느 여름날 저녁의 왕림에 대한 행이었다. 그런데 오늘 다시 생각해보니, 그런 저녁들이 내 안에 숭고(나는 이 단어를 굳이 회피하지 않겠다)라는 순진한 인상을 영원히 새겨놓은 것 같다. 이런 인상은 산들 그리고 왕림하는 밤과 너무나 자연스레 연결되어 있다. 작은 골짜기에서 싱그러운 물처럼 밤의 그림자가 올라왔던 기억이 난다. 그것은 풍경 저 밑에서 올라온 암흑 덩어리였다. 그때 산봉우리들은 촛불처럼, 성당의 촛대처럼 빛났고, 숲속에 드문드문 있던 집들에도 램프가 하나둘씩 켜지더니 별들도 다시 나타났다. 작열하는 태양빛 때문에 하루종일 별들이 다 잊히고 난 후에 말이다. 저 위 흩어져 빛나는 점들이 아래에서도 빛나는 것 같았고, 목장의 빽빽한 풀 속에 아직도 남아 여기저기 흩어져 있는 가축떼의 들쑥날쑥한, 간헐적인, 분산된 방울소리들이 그에 화답하는 것 같았다. 저 높이에서 길을 잃은 기다란 샘물이 마침내 달빛 서린 하얀 눈에게 말을 한다.

그 이전, 또 그 이후에도 많이 있었지만, 가르실라소*는 그의 목가 마지막에 우주의 저 끝에도 이를 수 있을 것 같은 마음의 평온을 노래했을 것이다. 또 그 메아리들, 상상으로 지어낸 응답들도. 그것들이 잠시라도, 아니 몇 시간이라도 일종의 대화 같은 것을 엮어내는 것이다. 그 안에서 우리는 사로잡힌 채 안심하고, 매혹된다.

떡갈나무 아래 누워 있던 바위들은 지진 후의 거대한 탁자, 또는 선반에서 떨어진 거대한 책들 같았다.

이 여윈 플루트 같은 몸에서 아직 단 하나의 선율,
마지막 선율 하나 더 뽑아낼 수 있다면
─오직 당신 마음속에만 있을 뿐 이름도 얼굴도 잃은
가엾고 오래된 뼈들에게 돌아가기 전에……

---

*   가르실라소 데 라 베가(Garcilaso de la Vega, 1501~1536). 16세기 톨레도에서 태어난 스페인의 시인이자 군인. 르네상스 시대에 연애와 자연을 노래한 시를 썼다.

흰색 혹은 분홍색으로 화환을 만든 들장미들이, 마치 묘석 위로 승천하는 천사들처럼 사이프러스를 타고 오른다. 묘석이 들장미 얽힌 어두운 사이프러스가 되길 바란다는 건, 이미 새들에 사로잡혀 하늘로 이끌려가길 꿈꾸는 것이다.

긴 뿔에 튼튼한 갈색 암염소들, 척추를 드러내는 검은 선. 거동이 시원찮은 숫염소들의 안내를 받지 않고 되레 그들을 이끄는 암염소들은 수척해진 나무들 사이를 지나갔다. 나뭇가지들이 뼈처럼 바드득 소리를 냈다. 넝마 솔 걸친 늙은 랍비의 감시를 언제든 속일 준비가 된, 산山사람 같은 아름다운 유대 여자들.

꽃들의 출현

그 대답으로, 길가에는
개쑥갓, 어수리, 치커리가.

내가 말하고 싶던 게, 또 그렇게 서툴게 말해버린 게 무엇이었을까? 지독히도 기상천외한 것. 차마 생각할 수도 없는 것, 차마 말할 수도 없는 것. 한 친구가 죽어가고 있었다. 병은 불쑥 찾아왔고, 어떤 희망도 없었다. 그의 정신이 하루하루 무너져가고 있는 것이 보였지만, 정작 본인은 모르고 있었다. 그런데, 결국, 그가 아이처럼 엉엉 울고 마는 일이 생겼다. 노인이 아이처럼 말하는 때가 오고야 만다. 이건 무슨 차형車刑*과도 같았다. 나는 운명이란 게 도대체 무엇인지 점점 이해할 수 없었고,

---

* 중세 및 근세 서양에서 시행된 형벌 중 하나로, 죄인을 수레바퀴에 묶어 사지를 부러뜨리거나 수레 아래에 깔리게 하여 처형하던 방식이다. 회전하는 수레바퀴의 형상과 맞물려 운명에 속박된 인생과 그에 따라 감당하기 힘든 고통을 상징하곤 한다.

결국 아무것도, 그 무엇도 이해할 수 없었다. 무지한 것보다 더한 존재, 내가 나 자신을 그렇게 규정한 지 30년이 지났는데, 나는 정말로 까막눈이, 바보가 되었다. 한편, 때는 여름이었다. 거의 매일 나는 꽃핀 풀밭을 따라 지나갔다. (정말 있는 그대로 말해야 할 것이다. 그런데 어려움이 시작되는 것이 바로 그 부분이다.) 어떤 것이, 한번 더, 바로 이 장소에서, 나를 놀라게 했고 나를 경탄시켰다(다른 것들도 그렇지만 너무 많이 쓰면 닳아지는데, 이 단어도 그렇다. 그러나 다른 단어가 없다.)

우선은, 나는 이 경탄을 단순한 놀라움으로 설명할 수 있다고 생각했다. 이 풀밭의 꽃들은, 사실, 적어도 그 몇 가지는 오로지 아침에만 보였다(아마도 너무 열기가 강하면 바로 잎을 닫을 수밖에 없었기 때문이었을 것이다). 꽃들은 출현이었다. 시선을 깨우는 출현. 그런데 이어서 보니, 오로지 딱 세 가지 색깔의 꽃들이었다. 파란색, 노란색, 그리고 흰색. 이건 풀밭에서 자주 만날 수 없는 색들이었다. 하지만 그렇다 해도 대단한 것도 아닌데, 그 색들을 마주칠 때마다 내 안에서 솟아오르던 그 은근한 환희는 과연 무엇이었을까? 감동한 것도 같고. 아니 그런데 여기엔 훨씬 무겁고, 잘 이해되지 않는 뭔가가 있었다. 그것이 그 시의 마지막 행을 너무 수수께끼 같거나 충분히 수수께끼 같지 않게 이끌어간 것이다. 나는 그때

별안간 이 꽃들이, 우리의 공포에 대해 유일한 답이 되어 줄 수 있을 것이라는 생각이 들었다. 우리 친구가 죽어가는 것을 보고 우리가 느끼는 공포에 대해 말이다. 물론 선뜻 입에 담기 망설여지는 주장이었다. 하지만 그러지 않을 수도 없는 주장이기도 했다. 그래서, 당연히, 나는 걸음을 멈추고, 이 풀밭에 몸을 가까이 기울인 채 그 주장을 이해해보려고 애썼다. 거기서 똑같은 꽃들을 따고 있는 페르세포네를 마주쳤더라도 이만큼 신비롭지는 않았을 것이다.

하여, 나는 재빨리 이 꽃들의 정체를 알아보았다. 파란색은 야생 치커리. 그리고 노란색은 개쑥갓. 흰색은 산형화목의 미나리과인데, 이런 학명을 쓰는 게 좀 망설여진다. 시를 쓴다면 난 이걸 '어수리'*라고 하고 싶다. 왜냐하면, 정확히 들어맞기 때문이다. 또 부드러운 이 이름은 꽃대 끝에 다른 꽃들보다 약간 더 높이 매달려 있는 산형화서繖形花序의 희미한 메아리를 그대로 지니고 있기 때문이다. 어떤 설명 없이 시 끝에 이 세 명사를 적어넣

---

*   프랑스어로는 berce라고 하는데, 아기를 태우고 살살 흔들어 잠재우는 요람이라는 뜻도 있다.

으며 나는 그 의미의 부재 자체로 주술적인 효과가 나기를 그지없이 바랐던 것 같다. 이것은 환상이었다. 거기서 내가 무슨 식물학을 하거나, 가짜 주술 의식을 하고 있을 수는 없었다. 내가 명명한 것은 색깔들뿐이었는데, 그렇다면 난 그림 도구 없이 그림을 그린 셈이었다. 그렇다고 핵심을 전달한 것 같지도 않았다.

이 색깔들은 그러니까 (내 정신 속에서, 아니 어쩌면 나 아닌 다른 사람들과도 공유하고 있는 더 깊은 차원 속에서) 전혀 다른 것을 '향해 있었다'. 치커리의 파란색, 나는 그것을 잘 알고 있었다. 그것은 길들의 경사면을 가장 오랫동안 장식하고 있는 꽃들 가운데 하나다. 이 파란 꽃은 하늘 같다. 밤사이 쏟아진 하늘 조각들은 이슬이 되었고, 풀밭의 공기 조각들이 되었다. (나비들, 또는 눈빛들. 하마터면 이렇게 쓸 뻔했다. 아, 그건 아니다.) 그건 거의 눈에 띄지 않는, 우연히 분산된 하늘 조각들이었다.

거기 뒤섞여 있거나 어울려 있는 것 같은 노란색으로 말하자면 들판에서 피는 다른 꽃들에서 보았던 밝고 투명한 노란색은 아니었다. 그냥 노란색일 뿐, 태양이나 황금 아니면 밀집을 떠오르게 하는 색은 아니었다. 거의 밋밋한, 거의 아무 의미도 없는 것. 다시 말해, 그럴듯한 배경이 있는 것도 아니고, 깊이가 있는 것도 아닌 것. 무엇과 비교 대상이 되는 것도 아니고, 그 어떤 것에도 열려 있지 않은 것. 단순한? 굳이 말하자면. 밋밋하고 단순한. 다가가보았지만 별다른 것은 없었다.

마지막으로 흰색. 그것도 개중의 무엇 정도일 뿐, 마법도 눈부신 빛도 없고, 거의 윤기도 없는 것. 그냥 가볍게, 자연이 그 자리에 과장 없이 흩뿌려놓은 화관들처럼 어느 정도 높이에서 머물고 있었을 뿐. 이 색들이, 풀밭속의 이 꽃들이 날 피해 있다가, 잠깐이라도 내게 이 세계의, 또는 다른 저 세계의 열쇠처럼 나타난 걸까? 다른 세계, 그러니까 페르세포네가 꽃을 따다가 삼켜진 곳.

난 여전히 아무것도 이해하지 못하고 있다. 또 여전히 아무것도 제대로 말하지 못하고 있다. 그저 '노란색, 파란색, 흰색'이라고 쓴다면, 그것은 그저 무수하고, 뒤섞이고, 아무런 의미도 없이, 산발적으로 흩어져 있는 것들, 곧 희미한 웅성거림 사이에 깃발 하나 꽂는 것일 뿐.

여기저기 불 밝히는 색, 아니 빛나는 색. 작은 꽃들의 축제, 어린이들의 축제. 단순하고, 가볍고, 천진난만한 것. 빨간색은 절대 아니다! 피나 불을 떠올리게 하는 건 전혀 없다. 승화된 것마저도. 여인네 뺨 위에 발그레 퍼진 분홍빛도 아니다! 예배 행렬의 오래된 깃발에서나 봄 직한 색깔들뿐이다―이제는 더이상 존재하지 않는 그 깃발들에서.

아이 같은, 아낌없이 흩뿌려진 색들. 아침의 색들. 학교에서 부르는 노래, 학교 앞을 지날 때 우연히 마주치는 노랫소리 같은 것이었을까? 아니면 삼천기도* 깃발들 사이, 머리 위를 떠다니던 어딘가 단순한 찬송가?

가장 짧은 조언 하나에 도달하기엔 너무나 긴 우회로.
가장 단순한 노래에 도달하기엔 너무나 복잡한 우회로.

'~처럼'이라는 스크린도 이젠 없어야 한다. 아니면 '~처럼'이 곧장 빛나야 한다.

그해 여름, 우리는 분명 차형을 당했다(항상, 어딘가에는 바퀴에 짓눌린 몸이 존재한다). 생각과 마음이 급속도로 쇠약해져가는 것을 볼 수밖에 없었다. (꽃은 쇠약해지지 않는다. 말을 더듬거리지도 않는다. 울지도 않는다.) 어떤 설교도 필요 없다. 당신을 기다리고 있는 것을 그냥 보면 될 뿐. 하루하루 이 꽃들이 피는 동안, 하루하루 이 꽃들이 지는 동안.

---

* Rogations. 가톨릭 전례로 예수 승천 대축일 직전 월요일부터 수요일까지 이어진다. 기도와 행렬, 단식 등을 통해 풍년을 기원한다.

예전에, 이 들판과 아주 가까운 아몬드나무 과수원에서 나는 점점 무너져가던 한 여인의 고통스러운 얼굴이 비쳐 드러나는 것을 본 적이 있었다. 그 자리에서, 오랫동안 눈雪의 빛이 달라졌었다. 그건 이해할 수 있는 일이었다. 오늘은 나는 그 반대를 말하게 되었다. 흩날리는 꽃들이, 지옥 같은 세상에 대한 내 혐오감과 내 공포에 답을 해주고 있다고. 그 혐오감과 공포를 흡수하고 있다고. 마치 어떤 날의 찬란한 빛이 산들을 모두 흡수하듯.

(나는 순간 알아챘다. 이것은 박새들mésanges의 색이다. 겨울 새들이 떠는 차가운 색이라고도 말해질 만한 색들. 더욱이 그 이름도 천사ange와 운이 맞는다. 이 새들은 그야말로 탐식가에, 싸움도 잘하는, 날개 달린 작은 식인귀다.)

노란색, 파란색, 흰색은 샤워실 색, 그러니까 도기 타일들의 색이기도 하다. 그러고 보니 안달루시아나 포르투갈 정원이 생각난다. 그곳 도기는 그 자체로 물, 하늘, 샘물처럼 보인다. (그리고, 분명, 바로 가까이에 레몬들이 그늘을 밝히고 있었을 것이다.) 리스본에서의 아침나절도 생각난다. 타구스 강변에서 친구들과 함께 아침 겸

점심식사를 한 적이 있는데, 거기에도 이 세 가지 색이 있었다. 파란색과 흰색은 베네치아의 곤돌라를 묶어두는 말뚝과 비슷하게 생긴 기둥들에 감겨 있었다. 노란색은, 정확히 어디에 칠해져 있었는지 더는 기억나지 않는다. 중요한 건 아니다. 그 색들은 찬란한 은빛 속에 있었고, 뭐라고 말해야 할까, 그 빛은 이 색들을 섬세하게 다듬고 좀 가라앉혀 대지만큼이나 상냥한 하늘로 데려가는 것 같았다. 타구스강의 눈부신 반짝임에 맞먹는 그런 떨림 속에서. 마치 시간 자체가 거기서 반짝이고 있던 것처럼.

생각은 이렇게 배회하고, 행복하게 여행하고, 또 행복하게 제 집을 찾아 돌아가는구나.

노인은 출현한 이 꽃들만큼 오래 살지 못했다. 당연히, 이 꽃들은 우리 친구를 구해주지 않았다. 우릴 위로해주지도 않았다. 꽃들은 아무도 구해줄 줄도, 위로할 줄도 모른다. 어떤 환시 속에서도 누구도 쇠락을 면치 못한다. 성자들도 우리들처럼 썩는다. 적어도 그건 확실하다. 하지만……

대지의 딸인 페르세포네는 꽃을 따고 있었고, 그때

그녀의 아리따운 두 발 밑에서 땅이 갈라졌다.

물론, 보이지 않는 것은, 숨겨진 것은 있다. 그러나 그것은 절대 신비술이 불러내는 그 혼란스럽거나 우스꽝스러운 정령들, 환영들, 아니면 악령들과는 조금도 닮지 않았다. 제사나 의례 같은 것은 없었다. 달리 도움이 되었을 수도, 될 수도 있겠지만. 고행이나 최면, 황홀경도 없었다. 낯섦의 흔적조차 없는 가장 기이한 낯섦.

횔덜린은 순수하게, 순도純度 그 자체로 솟아나는 모든 것, 그 순수한 용출이 수수께끼라고 썼다.

징후를 통해 드러나는, 보이지 않는 순환이 있을 것이다. 우리가 이렇게 부서지기 쉽듯, 그 징후들은 가냘플 것이다. 하지만 이 모든 균열들 너머로 순환은 계속될 것이다. 부랑자만이 그것을 엿볼 수 있다. 그 비슷한 보시報施를 받을 수 있다. 십중팔구, 얼른 흩어져버리겠지만.

이 세계에서 우리는
지옥의 지붕 위를 걷는다

그리고 꽃들을 바라본다

　지금이야말로 일본인 고바야시 잇사의 이 시를 인용할 순간이다. 아마도, 지옥과 꽃들 간에는 모순만이 아니라, 어떤 밀접한 관계가 있는 것 같다. 지금은 부적절하게 들리겠지만, 아니 원래 항상 그랬지만—이미 오래전 지옥이 우리 세계의 표면 위로 떠올랐기 때문에—다음과 같은 터무니없는 말을 다시 해야겠다. 꽃들은 지옥보다 더 높이 말한다고. 혹은 꽃들은 꽃들과 지옥, 그 모두를 넘어서는 것에 대해 말한다고.

　샘물. 밝은 태양, 초등학생 같은 태양. 그리고 오늘 아침, 빨간 피나 불을 연상시키는 최소한의 반사광도 없고, 최소한의 분노도 없고, 최소한의 작은 유혹도 없다! 그저 첫 태양 아래, 샘물.

　이젠 마음이 좀 진정된 박새들.

　우리 안의 보이지 않는 한 부분이 이 꽃들 속에서 열

렸던 것일지도 모른다. 아니면, 어떻게 그렇게 하는지는 모르겠지만 박새들의 비상飛上이 우릴 다른 데로 데려가는 것일 수도 있다. 동요, 욕망, 두려움이 일순간 지워진다. 죽음이 지워진다. 초원을 따라 걷던 사이에.

얼핏 보인 가는 조각달, 저녁 정원에서. 순수 환영의 낫. 예리하나 부드럽게 빛나는, 금세 사라지고 말 '젖빛의 낫', 해 저무는 하늘에 잠깐 새겨지는데도 끝없이 놀라움을 준다. 멀리 있어도 현재하며 충실히 당신을 동반하는 것. 낫 형상은 그것을 잡을 손, 그러니까 케레스 신을 기리는 행렬 속의 수확하는 여인의 손으로 이어진다―축제인데 깜깜한 밤이라 마을 사람들은 감춰져 하나도 안 보이고 그들 바로 위 펄럭이는 깃발 문장만 보이는 듯. 정면으로 바라볼 수 없는 다른 빛이 반사되며 누그러졌기에, 순진하게도 좋게 친근하게 느껴지는 것. 그래서 사람들은 속으로 이렇게 말한다. 어, 달이 아직도 있네. 이번에도, 아무 소리 없이, 아무 사연 없이, 내게 주어졌네. 아니, 나만이 아니라 모두에게. 태초부터 계속된 그 미광이 세계의 시작과 나를 이어주는 것만 같구나. 이것이 낫이다. 잇는 것이다. 이토록 충실히 계속해서 따라오니, 밤으로부터 우릴 지켜주기 위해 순찰을 도는 수호자가 거기 정말 있다고 믿게 된다.

예전, 불 밝힌 등불 든 어린이 행렬단이 기억난다. 지금은 그중 한 아이만 남아 있을지 모른다. 뒤에 처진, 조용한, 고집스러운 아이. 어린 시절을 떠올리면, 수줍고 순진한, 거의 맹목적인 기쁨. 그리고 노래.

이제 막 환해지기 시작하며 노란 첫 이파리를 보여주는 무화과나무, 그 속에 있던 새 한 마리는 가시적인 형태의 바람에 지나지 않았다.

하루의 끝, 가시덤불을 불태우고 있는데 갑자기 안개가 다가오는 것을 보았다. 눈에 보이게 된 침묵, 불보단 물에서 피어오른 축축하고 차가운 연기, 흠뻑 젖은 대지의 숨결, 갑작스레 강철처럼 차가워진 입김, 그것은 어쩌면 위협이었을지 모른다. 하지만 난 그것을 사랑했다. 왜냐하면, 그것은 진짜였고, 살아 있었고, '참된 것'이었기 때문에. 관념들이나 죽음보다 이 모든 게 더 나을 테니까.

조금도 소리를 내지 않고 다가와 차가운 혀로 내 손을 핥는 어느 짐승 무리. 그사이, 밤도 다가오고 있었다.

수많은 세월이 흘러

호수 전망

약간의 시점 변화만으로도 습관으로 퇴색되었거나 가려져 있던 것이 다시 보이기도 한다. 어린 시절을 보냈던 고향을 관광객으로 방문하거나, 수백 번은 무심히—경멸해서 그런 건 아니었고—보았던 것을 호텔 방(변화를 제대로 실감하려면, 이왕이면 호화로운 호텔이 좋겠다)에서 보게 될 때가 그렇다. 가령, 회색 호수 위에 떠 있는 사부아산들, 물안개 속 혹은 넘치는 빛 속에서 부유하는 어마어마하게 큰 덩어리 같던 그 모습. 산들은 또하나의 안개 너머에 있었다. 이른봄, 막 돋기 시작한 첫 잎사귀들의 안개 너머에.

　(굵은 바위가 하늘 한가운데 떠 있는 마그리트의 그림이 있다. 일견 이 그림이 방금 말한 것과 유사한 놀라움을 잘 담고 있다고도 볼 수 있다. 그런데 이 작품은 너

무 의도가 느껴진다. 너무 명시적으로 몽환적이고 '시적'이다. 내 말은 그러니까 너무 꼼꼼하게 그려졌다는 것이다. 예전에 이곳 미술관에서 이 화가의 방대한 작품 컬렉션 앞에서 느꼈던 실망감이 신비로움을 앞세우려는 태도 때문이었음을 깨달았다. 드러난 대상들 내부에 신비로움을 감추기보다는 핀을 꼽아 보여주듯 너무 드러내려고 한 것이다.)

꼭대기를 보려면 고개를 들어올려야 하는 그 산은, 바로 가까이서 올려다본 성당처럼 거대한 덩어리였고, 바위와 얼음으로 된 파이프오르간, 톱니 모양의 요철이 있는 성벽 같기도 해서 세상에서 이보다 더 무거운 건 없을 것 같았다. 그것은 괴물, 아니 거의 죽음 같았다…… 그 산은 공중에 둥둥 떠 있었고, 그렇게 보면 또 큰 구름에 불과한 것 같았다—아니, 그런 것과는 전혀 다른 것, 3월의 숨결인 갈대 피리 부는 가뭇없는 소년이 들어올린 구름보다 진중한 것, 더 존경스러운 것이었다.

누군가 강둑을 걸으며 산과 함께 곡예를 부리는 것처럼.

(과장하지 말자. 샤갈이 있지 않나. 여전히 천진난만하던 젊은 시절의 샤갈이 그린 그림을, 여기서 멀지 않은 곳에서 다시 본 적이 있다. 그 그림에서 난 유쾌하게 그런 생각이 떠올랐다. 하지만 산은 공기 중에 들려 있다 해도 여전히 진지한 존재다. 빛조차도 그것을 가지고 곡예를 부리길 주저할 만큼.)

　오늘은 유난히도 내 머릿속이 꼭 미술관이 된 것 같다. 어쩔 수 없다. 이 호텔 창문이 그림 액자로 보인다. 그렇다면 이 액자는 황금색일지 모른다. 옛날에는 그런 틀에 그림 넣는 걸 좋아했으니까. 이렇게 화려한 장소라면 그리 놀라운 일이 아니다. 그러니 너무 거리끼지 말자, 애쓰지 않았는데도 불쑥 수르바란이 그린 창공에 떠 있는 동정녀 마리아 그림들이 생각났으니까. 초승달 위에 다리를 놓고 서 있는, 디아나의 기독교 자매라 할 동정녀.* 내가 좋아하는 것은, 후대에 그려진, 너무 감미로운 그림들보다 별들을 왕관처럼 쓰고 있는 프라도에 있

---

*　로마신화에서 디아나는 그리스의 아르테미스와 동일시되며 달과 사냥성, 야생성, 순수성을 상징한다. 이에 자코테는 동정녀 마리아를 디아나에 빗대고 있다.

는 그림이다. 마리아가 젊은 산山사람처럼 보이기 때문이다. 그리고 그녀가 입고 있는 드레스가 푸른색 바위산의 주름처럼 그려져 있기 때문이다.

그러나 이내, 마그리트의 바위처럼, 샤갈의 곡예사처럼, 나는 내가 지금 미술관에 있는 게 아니라 호텔 방에 있다는 걸 떠올리면서 이번 마돈나도 머릿속에서 떨쳐냈다. 발코니로 나가기만 해도 3월의 공기와 아침의 신선한 빛 속에, 호숫가에 있게 되는 것이다. 이때 호수를 한 폭의 그림이라 여기고 너무 가까이 다가갔다면, 내가 워낙 서툰 사람이라, 그 안으로 빨려들어갔을지도 모를 일이었다……

그것은 산이면서, 또 산이 아니다.
물안개 스카프 아래 감춰진 비둘기처럼?

여전히 바위고, 돌이고, 눈이다. 그러나 '하늘로 휩쓸려간'.

("의로운 자들이 휩쓸려간다 Die Gerechten werden weggerafft." 크리거의 칸타타였던가. 자신이 노래하는 의로운 자들처럼 이 칸타타는 우릴 앙양하곤 했다—우리가

꼭 그들처럼 된 건 아니지만. 이 칸타타를 같이 들었던 그녀, 우리는 휩쓸려갔었지, 들어올려졌었지. 단지 음악 때문만은 아니었던가, 단지 꿈속에서만도 아니었던가?)

물안개, 가냘프고도 자비로운 흘러넘치는 빛. 짓누르는 어떤 것도 없다(일단은). 시선을, 발걸음을 멈추게 하는 그 어떤 벽도 없다. 도대체 누가 구속되었다고 한탄했던가? 누가 한계 지어졌다고, 예속되었다고, 처벌받고 있다고 상상했던가? 깨어나며 등 굽은 자신을 거울 속에서 본 자, 누구였던가? 적어도 이 거울 속에서는 아니다. 이 물과 안개 속에서는.

(아름다운 영혼이여, 그렇다면 건너가보자! 이 산을 단 한 순간이라도 손안에 쥐어보자, 비록 아주 작디작은 화강암 조각 하나밖에 잡히지 않는다 해도. 투기장에서 웃음 조각들이 터져나올 것 같다, 분명히!)

어쨌든. 그건 산이고, 더이상 산이 아니다. 아마도, 죽음처럼, 약간의 빛이 서리기만 한다면, 상승, 변용, 이

일시적 미끼는 우릴 그런 것들로 데려간다.

 공기 암벽 중턱, 응당 그래야 할 높이에 세워진 바위와 얼음의 대형 파이프오르간. 쇠 위의 톱질 소리, 자동차의 단조로운 부릉거리는 소리, 강둑 길 산책자의 발걸음 소리, 티티새의 목 푸는 소리, 이런 일상 소리들 너머에서, 나는 분명 날카로운 플루트 소리를, 터지는 트럼펫 소리를, 은빛 폭포처럼 쏟아지는 장조곡을 들은 것 같다. 이 모든 것이 얼마나 웅장하고 당당한지! 숲의 소음 차단문도, 목장의 펠트 천도 사라진, 이 소리의 층들 속에서 얼마나 깊게 숨을 들이마실 수 있는지!
 (그러나, 다시 한번 말하지만, 마구 날뛰지는 말자. 빌려온 이 파에톤 마차의 재갈과 고삐를 조금만 더 당겨잡자.)

 내가 본 건 다른 것이다. 단순한 상image, 바위와 눈의 구름. 그러나 이건 그냥 아무 상, 아무 미끼가 아니다. 아니, 만약 이게 미끼가 맞다면, "의로운 자가 하늘로 들어올려질 것"이라는 약속은 나 역시도 가볍게 만들어줄 것이다. 저기 있는 커다란 장미 바위, 이제는 거의 분간

되지 않는 그것을 나는 여기서 한 발짝도 움직이지 않고 따라가보았다. 안개 속 회색 연기 매듭, 아니 조금은 풀린 매듭―수평선 위에 채광창을 늘리듯, 조금은 벌어진 구멍.

작약들

그녀들은 오래가지 않았다.

작은 공, 매끈하고 단단한 작은 구球 상태로 딱 며칠. 그러다, 내부 추진력에 밀려 결국 벌어지고, 펴진다. 태양 황금 가루들을 주변에 퍼뜨리며 터오는 새벽처럼.
아니면 드레스인가, 글쎄 그럴지도. 더 집요한 상상을 해본다면.

풍만하고 가볍고, 어떤 구름들처럼.

상대적으로 느리면서도 완벽히 조용한 폭발.

꽃들의 감춰진 은혜로운 능력.

왜냐하면 제 무게에 눌려 고개를 푹 숙이고 있으니까. 어떤 것들은 땅에 닿을 정도로. 이렇게 인사해주니, 다들 자기가 먼저 가서 인사하고 싶은 마음이 들 수밖에.

그렇게 집단으로 있으니, 마치 발레 형상 같다.

오페라 극장 앞 카르포의 〈춤〉*처럼(적어도 내 기억이 맞다면), 몇 송이는 하늘을 향해 몸을 돌리고 있고, 또 몇 송이는 땅을 향해 돌리고 있다.

그녀들을 잘 파악하려면, 멀리서 봐야 한다.
그래, 뭐가 보이는가? 김 서린 거울 위에 그려진 형상? 공놀이?

---

* 프랑스 조각가 장밥티스트 카르포가 1869년에 조각한 상. 파리 가르니에 오페라 극장 현관 입구 벽면에 네 개의 조각상이 있는데, 〈춤〉은 오른쪽에서 두번째 위치에 있다.

은혜 가득한 꽃나무님들께, 고개 숙여 인사드립니다.

그런데 또 한번 새삼 노인이 보인다. 공범이 있든 없든, 산울타리 사이로 수산나를 염탐하는 노인!* 나는 그 노인이 오는 것을 보고 있었다. 게다가 완전 자의적인 상상은 아닌 것이, 그 혹은 그들의 시선처럼 다소 혼탁한 시선이라면, 이끼와 새틴 사이에서 발레 형상을 불현듯 보는 상상을 했을 테니까. 공경을 담아, 땅끝까지 몸을 숙이는 마지막 인사, 당신네들을 위한 인사, 어쨌든, 자지러지는 몽상가들이니까.

그러나 연극 무대 커튼은 늘 너무 빨리 내려온다. 그 인사가 얼마나 우아했든, 그 박수가 얼마나 뜨거웠든. 당신은 다시, 약간 등이 굽고 위축되어, 캄캄한 거리에 나와 있다.

---

* 구약성서 『다니엘서』 부록에 실린 일화로, 고대부터 예술의 주요한 소재였다. 아름다운 유대 여인 수산나는 정원에서 목욕을 하다 두 명의 늙은 재판관에게 몰래 관찰당한다. 그들은 욕망을 억누르지 못해 그녀에게 접근하지만 거절당하자, 젊은 남자와 간통했다고 수산나를 거짓 고발한다. 수산나는 무고하게 사형을 선고받지만, 다니엘이 두 노인의 증언이 엇갈리는 점을 지적하며 그녀의 결백을 밝힌다.

(공범이 있든 없든, 비슷한 야회를 마치고 돌아가는 이 노인을 미행해볼 수 있을 것이다. 정교하게든 아니든 그의 숙소를 묘사해볼 수 있을 것이다. 치유할 수 없는 고독 때문에 그해 가장 따듯한 날씨인데도, 차가운 공기가 무참히 흐른다. 희망 없음, 피로와 근심에 대항해 그가 어떻게, 어떤 기발한 혹은 순진한 발상으로 자신을 방어했는지 이야기해볼 수 있을 것이다. 그를 둘러싼 장벽들이 얼마나 허술한지, 이겨낼 기회가 전혀 없다는 걸 알면서도, 그가 얼마나 사무치는 인내로, 그를 위협하며 다가오는 추위를 밀어냈는지 이야기해볼 수 있을 것이다. 이런 것들은 말해질 수 있고, 말해졌을 수 있다. 인간의 용기를 기리는 차원에서 말이다. 아니면, 반대로, 너무 많은 이름을 가지고 있으면서 어떤 이름도 갖고 있지 않은 적의 잔혹함과 기괴함을 고발하는 차원에서 말이다. 그러나 나는 단호히, 나뭇잎 사이에 여전히 흰색과 분홍색 종이 등불을 달고 있는, 거의 눈에 띄지 않는 시종 역할을 하고 싶다. 마치 오늘날, 벌레 먹은 것처럼 누추한 세계에서도 여전히 축제를—설령 죽은 자들을 위한 축제일지라도—열 수 있다는 듯이.)

우울한 강박에 사로잡힌 무해한 관음증자들, 우리는

그들보다 더 선명히 볼 수 있을까? 그러려면, 더 주의해야 할까, 더 무심해야 할까? 더 혹은 덜 우회해야 할까? 분명, 훨씬 천진난만하게, 훨씬 진솔하게.

풍만하고 활짝 폈으면서도 가벼운, 어떤 구름들과 같이(결국 구름은 손에 쥐어진 아직 풀리지 않은 비일 뿐). 풀어짐 없이 이파리들 속에 살짝 멈춘 구름들과 같이.

그렇지만 구름이라기보다는 구김이 펴진 드레스 같은, 작약들. 당신 세계와 이어졌나 싶었는데, 이내 딴 세계로 달아나는, 당신으로부터 도망치는 작약들.

내가 간직한 가장 오래된 추억의 꽃. 정원 저 멀리에서도, 여전히 흐릿하게나마 보이는 어린 시절 내 무릎에 기댄 뺨처럼, 높은 벽과 잘 자른 회양목 속에, 무겁게, 젖어 있던 꽃.

그런데 바로 구겨지더니, 누레지고, 칙칙해진다. 소설 속에 나오는 오래된 사랑의 편지처럼, 베르테르의 편지처럼.

　내일 없는 열정, 여름 첫 파리들 날아들자 세워둔 갈대 가림막 사이로 얼핏 보인 붉은 기운일 뿐.

　(흔히들 말하길, "모든 게 다 좋고 아름답긴 한데, 그래서?")

　그 꽃들은 이 정원 구석을 그리 오래 장식하지는 못할 것이다.

　그렇다면 왜 꽃들을 그렇게 피우나?

　꽃들은 벌어지고, 만개한다. 시간도 그런 방식으로, 우리의 생각도, 우리의 삶도.

장식물, 무용함, 은밀함.

은혜 가득한 이 식물들에게 인사하자.

장신구, 생생한. 장신구로 변한 찰나, 장신구로 만든 연약함.

특별하다고 할 만한, 어쩌면 더 깊은 무엇―이들은 자기 무게를 감당하지 못해 고개를 숙인다. 그런 색을 들고 있기에는 너무 지쳤다는 듯이. 비가 몇 방울만 떨어져도 흩어짐이, 패배가, 추락이 일어날 것이다.

내가 더 애를 쏠수록, 그것이 비록 그녀들을 찬미하는 것일지언정, 꽃들은 접근 불가능한 세계로 더 후퇴한다. 그녀들이 거칠다거나, 냉소적이라거나, 애교를 떤다는 게 아니다! 그녀들은 누가 자기들을 대신해 말해주는 것을 원치 않는다. 누가 자기한테 칭찬을 쏟아붓거나, 모든 것에 다 비교하거나 아무것에나 비교하는 것도 원치 않는다. 그저, 솔직하게, 있는 그대로 보여주는 대신에.

그녀들이 무엇을 원치 않는다거나, 무엇을 원한다고 쓰는 것조차 지나친 일이다. 그녀들은 이곳 세계에 살면서 동시에 저곳 세계에 산다. 그녀들이 당신의 손아귀에서 빠져나가는 것도, 당신 머릿속을 줄곧 차지하는 것도 바로 그래서다. 설명하기 힘들지만, 반쯤 열려 있으면서 동시에 빗장 걸린 문처럼.

그렇다고 해도, 다른 것과의 유사성 속에서 그녀들을 본다면, 가장 유사한 것은 역시나 새벽의 여명일 것이다. 꽃가루들 주변에서, 여명의 황금 태양빛 가루들 주변에서 분홍색과 하얀색의 눈부신 개화. 그녀들은 그 기억을 간직하고, 그 증거를 늘리고, 그 의미를 서늘히 일깨우는 임무를 맡고 그렇게 거기 있는 듯하다.

무엇인지 모를 어떤 것이, 단순히 어린 시절의 추억만은 아닌 것이 그녀들을 비와 조화롭게 만든다. 초록의 궁륭 또는 아치와도 모두 함께 어우러진다. 구름들 때문일까?

비가 오기 전, 난 작약들을 만나러 간다.

그녀들은 오래가지 않을 것이다.

다가가도, 3월 어느 날의 현실에서뿐만 아니라 단지 몽상에서조차 그녀들은 당신보다 앞서 와 있다. 잎사귀 문을 밀어내면서, 거의 보이지 않는 방벽도 함께 밀어낸다. 초록 아치 밑에서 그녀들을 따라가다 몸을 돌리면, 어쩌면 자신이 더는 그림자를 드리우지 않는다는 걸, 흙바닥에 발자국 하나 남기지 않는다는 걸 알아차리게 될지도 모른다.

소브강 물, 레즈강 물*

*   소브강과 레즈강 모두 자코테가 살았던 그리냥 지방에 흐르는 강으로 알프스산맥과 이어지는 바위산인 랑스산에서 발원한다.

이곳, 빛은 바위들처럼 단단하고, 딱딱하고, 눈부시다. 그러나 이들 위에 이 벨벳, 이 닳고 닳은 포목, 이 까끌까끌 보풀 난 모직. 산 전체가 가축 무리로, 목장으로 변해 있다. 다 이어져 있어, 스스로 버티고, 다 함께 버틴다, 태초의 그날처럼. 이 거대한 공간에 와 있으면 우리를 가두지 않고 환대하는 집에 있는 기분이 드는 것도 그래서다.

　오늘, 바로 이곳에서 날이 태어났다.
　이곳에서는 어떤 의심도 자리할 틈이 없다. 다 서 있고, 단단하고, 밝다. 모두 조용하다.
　비록 이것이 필연적으로, 하루와 계절의 한순간에 불과하고, 우리 생의 한순간에 지나지 않으며, 이 작고 미세한 순간 속에서 우리는 정지된 채, 작고 미세한 존재로서 끝없이 포개진 검은 심연들 속에서 그저 약간의 잉걸불과 약간의 불티에 매달려 있을지라도, 이 장소는, 이 순간은 꿈이 아니다. 우릴 거기 붙잡아둔 끈들 안에는 측정될 수 없고, 계량될 수 없으며, 평가될 수 없는 어떤 것이 있다.

돌 매듭에 의해 다 함께 버티고 있다. 아주 오래전부터 그랬던 것처럼. 이 눈부신 빛에 기댈 수 있고, 등을 댈 수 있다. 내가 여태 본 것 중 유일하게 공략이 불가능한 요새다.

하지만, 우린 아주 높이 있는 게 아니다. 여기엔 아직 마지막 과수원, 그러니까 꽃잎이 다 떨어진 과수원이 있다. 돌과 흙먼지 많은 땅을 배경으로. 길들은 거친 회양목 덤불 속으로 이내 사라져버린다. 이런 고도에 사는 마지막 농부, 만일 그가 얼핏 당신을 본다면, 얼른 당신에게서 등을 돌릴 것이다(그는 농장 주변에 고철과 낡은 나무 조각들로 작은 토템들을 세워놨다. 자기 농장을 지키려고, 자기 고독을 속이려고). 그러니까 여기서조차, 뭔가 지나가고, 움직임이, 변화가 일어난다. 어쨌든, 시간은 흘러가길 멈추지 않았다. 가령, 그림자가 산의 형상을 하고, 구름의 형상을 하고, 능선을 타고 올라가는 것이 보인다. 어쨌든, 어떤 것도 떨리지 않고, 흔들리지 않는다.

어떤 것도 흩어지지 않을 듯하다.

평화 조약이 체결된 후의, 휴전이 승인된 후의 보루 위에 서 있다.

세상이 존재하는지 의심했던 사람, 자신이 존재하기는 하는지 의심했던 사람은 치유된다. 여기서 그런 것은 질병, 아니면 나약함, 아니면 비굴함에 지나지 않는다. 여기저기 다 떨어져나가 있는 포석들, 지푸라기 색으로 변한 풀들로 가득한 이 테라스는 찬란한 빛 아래에서 생생한 고통만큼이나 현실이다.

이 고지에서 태어났으나, 여러 여름을 거치는 동안 바짝 말라버린 소브강의 물이 오늘은 황색 돌계단을 따라 다시 흘러내린다. 여러 번 밟은 걸음이 오래된 저택의 계단을 만들어내듯, 이 황색 돌계단은 소브강의 물이 스스로 파서 만들어낸 계단이다. 그래서인지 새것인 양 더욱

살아 있고 투명하다. 이 길을 가는 내내, 눈부신 잎들로 우거진 장벽과 격막이 강물을 시야에서 가리거나 그 반짝임을 흩트려놓는다. 마침내 강물이 첫번째 굽이를 돌며 한눈에 드러날 때, 걸음을 멈추지 않을 수 없다. 손을 담그고 물도 마실 겸 무릎을 꿇는다. 흐르는 강물이 닿는 바위는 햇볕을 받아 더욱 노랗다. 물 송이를 딴 손바닥만큼이나 부드럽다.

여전히, 여기도, 급류이다. 신속한 투명. 물살이 점점 멀어지면서 느려지고, 퍼진다. 이윽고, 바위 밑에 생긴 반투명 유리잔.

나는 28세기나 된 헤시오도스의 말을 떠올려본다. "그대가 이 아름다운 물살을 향해 눈을 돌려, 사랑스럽고 하얀 물속에서 손을 씻으며 기도하기 전에는 그대의 다리로 이 영구한 강의 아름다운 물결을 건너지 마시오."

다 함께 버티고 있다, 여기서, 오늘은. 심지어 첫 새 이파리들에서 나와 강둑을 드리우는 뽀얀 김조차도. 어떤 것도 유형流刑을 말하지 않는다. 어떤 것도 파멸을 말하지 않는다. 폐허조차도. 어떤 것도 상실을 말하지 않는다. 달아나는 이 강물조차도―너무나 맑아 마치 하늘이 이 돌계단 위로 우리에게 보내준 것만 같다고 믿게 된다.

거기 제법 너른 하상河床은 몇 달 전부터 자갈길에 쩍쩍 갈라진 진흙들과 해골처럼 말라비틀어진 나무들과 갈대들, 빛이 다 바랜 황색과 은색 덩어리들, 그러니까 죽음 또는 거의 죽음에 가까운 색들에 지나지 않았다. 그러다 어느덧 다시 잠에서 풀려나, 깨어나고, 빠져나온 물들이 저 아래 반대편 둑을 향해 경이로울 정도로 쏜살같이 달리는데, 그것만으로도 그녀들*은 둑을 파먹기 시작했으니, 만일 이게 다른 어떤 존재였다면 머리를 산발하고 미쳐서 날뛰는 거라고 말했을 것 같다. 그러나 이건 그런 것이 아니다……

서두르는 것! 그래 맞다! 그러나 전혀 불안하지도, 들

---

*   원문은 여성형 복수 대명사 elles이다. 물 또는 강물 eau/eaux은 여성형 명사이며, 흔히 그리스나 로마 신화에서 물이나 샘물은 여성 요정으로 표상된다. 여기서는 특히 인생사에 빗대어 의인화된 함의도 있으므로, '그녀들'로 옮겼다.

떠 있지도 않다. 모든 야성적인 물처럼, 그 어떤 것도 어둡게 만들지 못할 정도로 맑고 발랄하다.

빠르게 달리는 흐름, 행복하다고 말할 수 있겠지만 실제로는 이런 감정과는 거리가 먼 흐름―그 움직임은 강바닥에 버티고 있는 장애물 덕분에, 자갈, 죽은 나뭇가지들 같은 제동과 재갈들 덕분에 비로소 눈에 보인다. 여기서 갑자기 물살은 말들처럼 거품을 문다.

채찍을 맞으며 더욱 빨리 달리는 말들처럼. 공기 저항을 최소한으로 받기 위해 몸을 쭉 펴고, 잔디밭을 스치듯 몸을 완전 납작하게 만드는 말들처럼. 멀리서 보이는 기병대 같기도 하고, 하지만 각질 말굽이 아니라 비단 말굽을 한 말들.

뛰놀려고 그러는 건지, 집에 얼른 들어가려고 그러는 건지, (글쎄, 그럴 수도 있지) 아무튼 일등으로 나오려고 서로 떼밀며 교실에서 튀어나오는 아이들처럼 한 방향을 향하는 저 쇄도.

조금만 장애물이 있어도 거품을 낸다, 꽃을 피운다. 어찌 보면, 그리 다르지 않다. 과수원들도 그리 꽃피면서 도망칠 수 있을지도……

이런 여울목에서라면, 마실 필요도 없다. 보는 것만으로도 갈증이 풀리니까.

발랄하고, 상큼하고, 맑고, 잡히지도 않고, 아낌없고.

오, 너무나 발랄하고, 아무 근심 없는 물살. 낮은 강둑에 딱 붙어 달리는 물살. 그녀들은 달린다. 지나가지만, 자기 기세로 더 커진다. 재빨리 미끄러진다. 하지만 어떤 소리도 내지 않고. 경사가 완만하니까. 화살이 내는 소리만큼도 나지 않는다. 반짝이며 물을 대는 도주.

시원한 불티처럼 돌들에서 튀는 물. 강물 대장간에서 튀는 불티 물.

그녀들은 점점 더 빨리 가길 꿈꾸는 듯하다. 그녀들의 기쁨은 곧 급함에 있다는 듯이. 어디로 가는지는 그다지 중요하지 않다는 듯이. 소란스럽다. 달리는 데 취해 있다. 완전히 취해 있다. 그러나 순수하게. 횔덜린은 백조가 머리를 깊이 담그고 있던 호수의 물에 대해 쓴 적이 있다. 그 물은 "검소하고" "성스러웠다", 혹은 "신성했다". 여기서 "검소하다"는 건 "절제되어" 있고, "절도가 있다"는 뜻일 게다. 신성과 마주하는 인간의 정신이 그래야 하는 것처럼. 경계가 명확하고 고요한 호수의 수면이 암시하는 것도 그것이다. 그런데 이 강물은 취해 있으면서도 순수하다. 그 시작과 끝이 보이지 않는다.

강물이 웃는 거라고 믿고 싶어질 정도다. 그녀들의 급함은 웃음의 한 방법이라고. 하지만 안달이 불안함이나 광분이 아닌 것처럼, 그 웃음 또한 무례함이나 단순한 조롱이 아닐 것이다.

그녀들은 염소들처럼 웃는 법을 배운 것일지도 모른다. 바위들 사이를, 자갈길을 다니는 염소들처럼, 최후의 독수리들 그림자 밑을 다니는 염소들*처럼.

---

*   알프스 같은 높은 산에서 주로 볼 수 있는 야생 염소들은 실제로 독수리 같은 포식자가 나타나면 몇 초 만에 50미터를 달릴 수 있는 특별한 능력을 가지고 있다. 이 놀라운 민첩성은 아마도 미끄럼 방지 기능을 하는 그 특수한 발굽 덕분인 듯하다. 이 발굽의 촉각 기능 또한 뛰어나 염소들은 아무리 거친 지형이어도 미끄러지지 않고 그리퍼처럼 딱 붙여 험준한 경사면을 오르내린다.

내가 되는 대로 살아가겠다면, 난 기꺼이 시간이라는 반짝이는 마차를 그녀들이 끌게 할 것이다.

그녀들은 튀어오른다. 너무 오랫동안 돌 주먹 또는 얼음 주먹 안에 쥐어져 있었다는 듯이.

능선들이 보낸 전령, 긴 겨울의 손녀들, 시커먼 석조 마구간에 너무 오랫동안 묶여 있던 준마들.

4월, 브라마렐이라 불리는 여울목, 레즈강의 물이다. 집에 돌아가기 전 잠시 그것을 바라본다. 짧지만, 영원한 듯한. 서쪽으로 몸을 돌리면 강물은 넓게 벌어지고 하늘 크기만큼 커진다. 그 빛이 눈부시다.

아낌없이 흐르는 물, 다시는 발걸음을 되돌리지 않을.

밤의 노트

겨우 좀 덜 불안정한 이 기둥에
등을 기댄, 케케묵은

나는 지붕을 흩뜨릴 말만
전하고 싶다
(당신을 밤의 양봉장으로부터 갈라놓는다면
지푸라기 지붕이라도 너무 무거운 법이니까).

푸른색 혹은 붉은색 꽃들,
그 꽃들의 행위와 비슷한 말들을,
그들의 향기와 비슷한 말들을.

나는 더이상 미로를 원치 않는다
문 하나조차도,

단지 저 구석 말뚝,
그리고 공기 한 아름만으로 충분하다.

발이 풀리고, 정신이 풀리고,
손도 시선도 자유로우니,

하여, 밤의 애도가
저 아래서부터 개시된다.

길 위의 달은
토비아의 강아지*를 위한
우유 그릇 같았다.

어린아이가 다른 시대의
검은 드레스를 입은 아주 늙은, 인자한 부인 발밑에
몸을 숙이고 있다.

바구니 안에,
아직 온전히 감겨 있는
그 삶의 실뭉치
그리고 가위들.

하늘 이곳저곳에는
항상, 같은 계절에
불타는, 같은 촛대들,
결코 변하지 않는 의식,
비록 고개 숙인 것은
다른 얼굴들일지라도.

나는 석양에 놓인 탁자를 기억한다.
그리고 저 다른 끝에 있던 아름답게 뜬 눈을,
이어 돌아선 눈을……
      후광으로,
이 성녀들이 가진 것은 머리카락뿐,
또는 우리들의 마지막 태양에서 날아온 꿀벌들뿐.

(우리가 이젠 없는 방에)
어지럽혀진 침대가 하나 있어
누가 보면 꼭 불타는 구름이
흐트러뜨린 줄 알겠다,
셔츠를 찢듯 그렇게.

훗날 눈물이 오리라,
끝끝내 그 까슬한 천, 마지막 덮개를
꿰매버릴.

쏙독새,

그건 검은 파르카의 물레,

이제 우리들을 위한

실은 많이 남지 않았다.

*　구약성서 외전에 속하는 『토비트서』에서 유대인 토비트는 늙어 시력을 잃는다. 그는 아들 토비아를 시켜, 전에 빌려준 돈을 회수하게 한다. 먼길을 떠나는 토비아 곁에는 아름다운 청년이 한 마리 강아지와 함께 동행하는데, 그는 실은 라파엘 천사였다. 라파엘의 도움으로 토비아는 여정을 무사히 마치고, 물고기 담즙으로 아버지의 시력을 회복시키는 기적을 행한다. 강아지는 여정의 출발과 귀환 장면에서 단 두 차례 짧게 언급된다. 많은 화가들이 토비아와 라파엘 천사가 함께 걷는 장면을 그릴 때, 라파엘 천사의 신성을 암시하기 위해 토비아 곁에 작은 흰 개를 그려넣곤 했다. 특히 베로키오의 작품에서 강아지는 그 하얀 털이 촘촘하지 않고 성기게 그려져 마치 현실에 존재하면서도 존재하지 않는 듯 묘사된다.

화관

접시꽃은 어떻게 피나? 여름이 지나감에 따라 키 큰 꽃대의 아래부터 위로 올라가며(한편 발치에서는 그 넓은 잎사귀들이 녹슬고, 찢어지고, 때론 누더기처럼 떨어진다). 6월의 어느 날, 점점 높이 피신하는 방식의 이런 개화에 나는 깜짝 놀랐고, 나무들 꼭대기에서 황금빛으로, 산 정상에서 분홍빛으로 물들며 역시나 점점 더 높이 올라가며 피어나는 저녁 태양이 떠올랐다.

접시꽃은 알세아속 장미다. 옛날에는, 그것을 바다 건너 장미라고 생각했다. 지금은, 거꾸로, 마을이나 소박한 정원을 꾸미는 친숙한 식물로, 크고 화려하기는 하지만 일종의 잡초로 여겨진다. 아무도 일부러 심지 않았는데 담벼락 밑이나 두 길이 만나는 모서리를 장식하며, 폐허 속에서도 기꺼이 자라난다. 그래서 그 열광자들은 이 꽃을 이렇게도 부른다. 패스-로즈.*

---

* 동사 passer에서 연상되는 함의를 모두 갖는 듯하다. 흐르다, 지나가다, 통과하다, 이동하다, 나아가다, 견뎌내다, 합격하다 등. 영어식 발음 '패스'로 통용되어 패스-로즈라 옮겼다.

(엄격한 법칙에 따라 키 큰 꽃대의 아래부터 위로 올라가며 펼쳐지는 이 꽃들을 보며 오페라 심취자들은 흰색 또는 분홍색 또는 연보라색 드레스를 입은 여주인공이 채광창처럼 뚫린 종루의 모든 층을 오르며 연속적으로 나타나는 모습을 떠올릴 수 있겠다. 점점 더 높이 올라감에 따라, 여주인공은 점점 작아진다. 이런 기발한 착상의 미장센에 놀라 넋을 잃은 여성 관객의 소리가 들리는 듯하다. 아니면 오페라 2층 칸막이 좌석에나 익숙한 노인 관객이 신기하고 황홀하다며 놀라는 소리가 들리는 듯하다. 나로 말할 것 같으면, 분명 다소 우스꽝스럽다고 여길 것 같다. 저녁 빛의 느리고도 비장한 상승을 생각해보라. 이런 연상이 나에겐 훨씬 더 자연스럽다. 왜냐하면 이런 연상 속에서는 정원을, 들판을 떠나지 않아도 될 테니까.)

이렇게 하루의 끝에, 첫번째 램프가 켜지는 집 바로 위, 자줏빛으로 물든 커다란 구름이 동시에 불타오른다.
　그러자 제목처럼, 내 머릿속에 떠오른 단어들. "길들여진 램프와 튀어오르는 호랑이." 아마도, 블레이크의 시가 떠올랐기 때문이다. "호랑이! 호랑이! 밤의 숲에서/이글이글 불타는." 길들여진 빛과 일종의 들불처럼 야성적인 빛의 만남. 그것은 또한 찰나적으로 겹쳐진, 두 가지 살아가는 방식의 형상이었다. 왜냐하면, 아무리 조심스레 살아도, 산다는 것은 불타는 것이기 때문에.

오늘 10월 11일 저녁 6시, 돌들과 꽃들 위로 다시 아주 높은 은빛 거울이 세워진다. 거기선 아무것도 반사되지 않는다. 내 얼굴은 특히. 나는 그 아래서 마른 잎들로 불을 피운다. 습한 땅속 거의 열기도 없는, 잉걸불 바구니. 이 은빛 하늘 발치에 놓은 헌물. 이 얼어붙은 땅에서. 내 등에 업힌 산이 잠들기 시작한다.

분홍빛 구름, 곧 그을음 구름, 꼭 불처럼. 지평선 위에도, 눈 위에도 무게를 남기지 않는 마지막 꽃차례, 마지막 부드러운 발화發火, 잡히지 않은 채 남겨진 선홍빛. 이날 또는 이 삶의 마지막 그것.
  따지 않은, 마지막 장미.

이 황혼은 확실히 불이다. 나무들 속에서 소리 없이 켜지는 불. 그런데 나무들 발치의 풀은 점점 그림자가 된다, 밤이 된다. (바로 이곳에 사라진 이들을 위한 물통과 요람, 짚더미를 찾을 수 있을지도 모른다.) 그래서 그건 나무들 속에서 타닥타닥 소리도 없이 탄다. 차라리 그건 황금 부스러기, 떨리는 촛불. 잠깐은 가지 많이 달린 큰 촛대들 같다. 바로 위 하늘은 겨우 노란 꽃잎들처럼 피어난다. 정교하게 다듬어진 주춧돌 위에 불현듯 나타난다, 거대하게. 결코, 분명, 이토록 광대하고, 크고, 활짝 편 하늘을 난 본 적이 없다. 시선을 위한, 호흡을 위한 그 모든 자리가 바로 거기 있다! 죽어 고인이 된 자들이 모두 질식하지 않고, 영원히 있기에 충분한 공간.

종달새들은 그렇게 튀어오르는데도 절대 피곤하지 않겠지? 겨울 질퍽한 땅 위에서도? 저 멀리 있는 산들 이마에 덮인 약간의 눈은 장미색이 되었고, 가장 낮은 곳의 숲들은 보라색이 되었다. 거의 잘 보이지도 않는 무더기 꽃들에서 본 보라색이라기보다는, 아마도 돌아선 눈길 속에서 읽었을 법한 수수께끼 같은 보라색. 이미 거의 완전히 잃어버린, 어느 불타오르던 말 한마디의 기억 같은, 어둠이 지기 전 살짝 보이는 끝에서 두번째 색 같은, 보라색. 하루의 쇠약과 어울리는 색. 보라색, 더 간단하게는, 작별 인사.

정말 꽃은 아니지만, 그렇게 보이는, 아니 어쨌든 시선에는 포착되는, 몇 군데는 시선과 꼭 닮은—가까우면서도 멀고, 빛나는데도 안 잡히는 것들—이 꽃들을 땋아 그 모든 것에도 불구하고 다시 한번 일종의 화관을 만들고 싶다. 저 뒤에서 또는 저 밑에서 최악의 천둥이 치고, 땅이 갈라져도, 그 모든 것에도 불구하고, 그건 마치 저 옛 그림 같을 것이다. 그림 속에서 손, 언젠가 야위어질 손은 잠든 여인의 머리 위로 화관을 잡고 있다. 아직도 명명되지 않은, 아니 결코 명명될 수 없는 별자리 같은 화관. 그러기엔 너무 약하고, 너무 뜨겁고, 너무 높이 들어올려져 있기 때문에. 영원히, 누가 뭐라고 생각하든, 무엇을 두려워하든, 아무것도 말하지 않으면서 숨을 들이마시고 내쉬는 이 입 바로 위로. 마치 화관이 그 입에서 나온 불붙은 입김인 것처럼.

무서워 점점 위로

도망가는 장미

왜냐하면 세월이 쫓아오니까.

패스-로즈의 교훈

누렇게 녹슨 잎에 맞서
노래 속 장미는
점점 더 높이 벌겋게 타오른다는 것

촌락

밤중에, 열병이 만들어내는 것처럼 강렬하게, 또다른 산책의 상들이 내게 되돌아왔다. 절대 풀리지 않기를 바라는, 축축하고 현기증이 날 정도로 부드러운 매듭을 품은 꿈에서 막 깨어난 참이었다. 이번에는 현실의 것, 세계의 한 조각이었다. 그러면서 동시에 환영 같은 것, 눈물의 언저리로 데려가는 이상한 것이었다(그러니까, 그런 느낌은 바로 그 순간이 아니라 남은 밤 내내 그 상들이 되살아날 때, 내가 그것들을 마주했을 때 찾아왔다—잡히지 않는, 우리가 정말로 지나왔지만 이젠 잃어버리고 만 협곡 저 깊은 곳의 상들).

목소리 하나가 내게 이상하게도 이렇게 말하곤 했다(빗속에서도 여러 차례 들렸던 뻐꾸기 소리는 아니었다. 비는 그나마 뻐꾸기 소릴 막지 않으면서 뻐꾸기를 잡아둘 수 있는 유일한 새장이다). "전달하라……" 마치 부대에 전령을 보내는데 그 내용이 누설되어선 안 된다는 듯이, 승리 또는 구조가 그 비밀에 달려 있다는 듯이. 아무도 그 말을 하진 않았다. 그저, 나 역시 지나가던 자에 불과하던 장소 자체가 그렇게 말하고 있었다. 그건 더욱이 말도 아니고, 전언도 아니었다. 그냥 땅 바로 위, 내 머리보다 약간 위, 길 가장자리에서 들려온 웅성거림이었다.

이 장소의 이름은 말해져선 안 된다. 그 머리글자조차. 거기에는 네 개 또는 다섯 개의 농장이 있었다(사실, 난 겨우 보았다. 사실 이건 눈으로 보는 사안이 아니었다). 주변에 아무도 안 보이는 정말 시골 농장이었다. 아마 일요일이기 때문이었을 텐데, 그건 폐허도 아니었고, 보수나 개조를 한 것도 아니었다. 그냥 원래 있던 것으로, 아주 낡은 담으로 세워진 것이었다. 만일 거기 수레가 있었다면, 사료나 두엄을 운반하는 데 쓰이거나 다 파손되게 그냥 거기 놔두었을 것이다. 내 말은, 그 어떤 경우에도 이 수레를 친히 '구해'와 제라늄을 권좌에 올리듯 잔디밭 한가운데 눈에 띄게 놓은 건 아니었을 거라는 것이다. 그냥 아주 오래된 돌과 늙은 나무들로 이뤄진 농장이었다. 늙은 몸통과 다 벗겨져 거칠고 지친 나뭇가지들로 이뤄진 그 주변의 과일나무처럼. (내가 이 모두를 다 관찰한 건 아니고, 언제든 돌담들 너머 검은 잉크색으로 변할 것만 같은 잿빛 하늘 아래서 이를 지레짐작한 것이다. 돌담들은 산보다 더 늙어 보였고, 산은 충분히 높아 그 북쪽 경사면에는 아직도 눈 얼룩들이 그대로 남아 있었다.)

이 농장들 앞에, 풀은 벌써 키가 훌쩍 자라 무성했다. 날은 제법 추웠다. 일요일이었다. 굳이 교회가 없어도 충분히 그런 느낌이 났다. 말, 혹은 귀에 들리는 일종의 말. 어쩌면 이런 것이 아니었을까—주님의 이름으로 오는 이여, 복되도다 Benedictus qui venit in nomine Domini. 고개 너머로 올라오는, 폐허 나무들로 가득한 숲속의 가파르고 질퍼덕한 길을 헤치며 올라오는 전령이여, 복되도다.

웅성거림도 아니었던 웅성거림, 바람이 불기 시작할 때조차 어떤 소리도 내지 않던 웅성거림. 만일 웅성거림이 어쨌든 그래도 말의 형태를 갖춰야 한다면, 그건 약간 얼이 빠져 있던 청소년기부터 내가 한 번도 잊어본 적 없던, 그것을 기준점으로 삼아 이따금 방향을 잡고자 애썼던 다음과 같은 문장이었을지 모른다. "때때로, 난 하늘에서 환희에 찬 순백의 민족들로 뒤덮인 끝없는 해변을 본다."* 단, 그게 하늘에 있지 않다는 것만 빼고. 그것은

---

* 아르튀르 랭보의 시집 『지옥에서 보낸 한 철』의 마지막 장 〈작별 adieu〉에 나오는 문장이다.

옆을 따라 흘렀고, 손에 만져졌다, 가로지르니, 온몸을 감쌌다……

 종소리도 없고, 설교도 없고, 교구도 없는 일요일 아침. 이 피로의 장소, 산처럼 늙었고 산처럼 진실하게 보이는 낡은 집들 주변에서 처녀들의 축제가 한바탕 벌어졌다 끝났는지, 이제 남아 있는 것이라곤 나뭇가지들에 걸린 그녀들의 하얀 화관뿐. 그녀들은 분명 떠났을 것이다. 달아나는 상, 그 향기로운 부재만 남기고. 이렇게 그들을 따라, 우리도 문턱을 넘는다. 그러면 이젠 아마도, 환영들이 시작될 것이다.

 "전달하라……" 여기를, 바로 이 길을 지나가는 당신이여. 한데 무엇을 전달할지? 어떤 전령을? 내가 지금 무슨 말을 하려고 하던 중이었지? 4월의 어느 일요일, 잃어버린 계곡, 꽃들이 만개하는 벚나무, 사과나무, 배나무 옛 과수원들 한가운데 흩어져 있던 농장들, 산사나무 산울타리로 둘러싸인 초원에 대해서. 아직도 약간은 추운 날씨, 회색 하늘 아래. 적당히 높은 어느 산기슭에 이르렀으니 더욱 그랬다. 집들까지 포함해 이 모든 게, 계절의 변화 외에는 어떤 나이도 가지지 않은 듯했고, 그래서, 아니 그럼에도, 힐끗 보았던 그 형태 속에서는(다만 더이상 슬프지 않았다) 꼭 하루살이 같았다.

당신 머리보다 약간 위에서, 완벽하게 조용한 웅성거림. 어떤 무게도 나가지 않는 증식과 팽창. 흩어져 날리는 이 수천 개의 미물들. 분명 이 근처에 양봉장이 있을 거라는 생각이 들었다. 그리고 며칠 동안 그 머뭇거리는 경주競走 속에서 멈춰 선 채, 무장해제된 벌떼들.

아니면 성수산포聖水散布. 덤불 닮은 모든 녹슨 고철들에게, 마디만 남은 모든 해골들에게 그리고 이곳을 지나는 짊어질 고통이 있는 자 누구에게든 신의 가호를 빌어주기 위한 정화수.

그 전령을 따라 문턱을 넘는다는 것을, 가슴에 와닿고 몸을 뒤흔드는 그 모든 것을 이편에 남기는 것이라고 생각해야 할까? 이를테면, 젊은 여자 교구인들이 너무 일찍 빠져나가지 않았더라면 그들의 가까움, 장난, 웃음이 틀림없이 불러일으켰을 욕망? 소용돌이와, 활기 띤 드레스, 안달이 난 머리채, 그것들이 숨기는 것이든 드러내는 것이든 간에 그런 것들이 부추기는 동요? 아니면 이보다 더한 것(너무 울창하고 어두워 내가 빠져나오느라 애를 먹었던 꿈들과 아직도 이어져 있는 것). 예컨대, 부드러운 조롱, 분리됨의 고통, 잠깐이라도 풀려버린 손, 걱정, 의심, 분개, 분노, 빛이 더 바랜 저녁들뿐만 아니라 일요일 아침에도 다른 춤들과 뒤섞이는 이 모든 감정들마저도?

문턱을 넘는다는 것(환영의 순간), 그것은 어쩌면 심지어 더 중성적이고, 더 일반적인 감각들까지도 이편에 남기는 것이라 해야 하지 않을까. 어떤 식으로든, 그렇다, 저 너머에선 더이상 색깔들이, 움직임들이, 향기들이, 형상들이 관건이 아님을 짐작할 수 있기에. 내가 항상 손에 들고 다니는 지도 위에 엄정하고 반박 불가능할 정도로 정확하게 위치가 표시되어 있는 이 계곡의 바닥으로부터, 우리는 더 먼 곳으로 실려갈 운명이기에.

아무 말하지 않고, 말 없는 말이 전하던 전언은 이런 것이었을까. "이 고개를 통해, 이 세계 너머로 가시오" "우리와는 이제 그만 작별할 것"

급선회 회오리 속, 벌떼는 한 번만 훅하고 불어도 분산되고, 허비되는데, 똑같이 그렇게? (물론 점점 더 불투명하고 점점 더 조용한 다른 회오리에게 자리를 내어주기 위해.)

만일 가장 부드러운 은총마저 가장 미약한 숨결의 명령에도 흩어져버린다면, 결국 정말 너머로 가야 하지 않을까?

이것은 4월의 추운 일요일, 그곳에서 잠시 꾸물거리는 자에게 이 작은 촌락이 말하는 듯한 것을 듣는 하나의 방식이다. 이해하려고 너무 골몰하지 않고, 이끌리고, 방향을 잡고, 고양되어보는 것.

두 눈보다, 몸보다, 가슴보다, 생각 그 자체보다 이게 더 우릴 더 깊은 곳에서 건드리는 것일지도 모른다. 적어도, 이 장소와 이 순간은 서로 엮여 있고, 우리들 또한 그것들과 엮이어, 그 모든 것보다 더 깊은 곳에 뿌리를 내리는 것일지도 모른다. 그렇게 거의 믿겨진다, 이곳을 지나다보면……

 (아직 문턱을 넘지 않았고, 고통의 짐보따리도 내려놓지 않았기에 우리는 여전히, 여기 우리 눈에 눈물이 치밀어오를 수 있다고, 저 밖 반짝이는 꽃들만큼이나 많은 눈물이 있을 수 있다고 상상하게 된다. 나이 탓에 흐려진 두 눈 가장자리에 수액처럼 올라오는 지상의 모든 슬픔, 세상의 모든 물 중 가장 성스러운 물. 가끔 하늘 속에서, 도래한 밤 속에서, 흩어져 있던 이 물을 다시 만난다고 믿는다.)

 "전달하라." 오늘 아침, 땅 스스로가 자기 목소리로, 목소리도 아니었던 그 목소리로 말했다. 무엇을? 어떤 전령을?
 우리가 결국 예감했던 것은 포기가 아니었을지도 모른다. 무엇인지 잘 알지 못하지만 분명히 반투명하게, 환영처럼, 얼음처럼 나타날 것에 다가가기 위해 여행 가방이나 너무 많이 껴입은 옷, 우리 몸과 가슴, 생각이 이 세상으로부터 받아들인 그 모든 것을 포기해야 하는 것이 아닐 수 있다. 우리가 예감했던 것은 다만 한 걸음으로, 그 한 걸음의 결과 문턱 또는 고개의 이편에 있던 것들은 반대로 결코 사라지지 않을 수 있다. 그곳에서는 모든 것, 모든 시간의 두께, 그러니까 하나의 삶, 또는 삶 전체의 두께, 그 무게, 그 압박감, 찢어져서 아니 찢어서 생긴 상처, 이 모든 게 구원될 것이다. 다르게 현재할 것이다. 우리로선 오직 희망하고, 꿈꾸고, 혹은 겨우 힐끗 볼 수 있을 뿐인 그런 방식으로 현재할 것이다.

여행자의 사유. 싸락눈 외투가 그를 감싸고 있을 때 와닿는.

박물관

레키토스*

이 항아리 위에는 상image 하나 겨우 놓여 있다,
겨우 해독 가능한 형상 하나가.
〈리라를 든 소녀〉

마치 그림자 하나가 눈 위를 걸어갔던 듯
희미한 말의 메아리가
커튼을 지나 우리에게 왔던 듯
팔에 들린 리라처럼 누군가를 안고 있던 듯.

죽음에 가까운 이 비참한 근역에서,
더럽혀진 손 위로 항아리를 기울이며 드러나는 이 상은,
가장 잔인한 것일까, 아니면 가장 다정한 것일까?

그때에는, 그 어떤 미끼도 통하지 않을까 두렵다.
그중에서도 특히, 우리 마음을 그토록 오래 흔들면서 가득

채우던,
여인의 손에 들린 리라마저도.

난 어떤 치료법도 없을 거라 생각한다.
모든 결속이 끊긴 이후, 한층 더해진
낮의 밝음 같은 것 말고는.

이마 위에 달의 손 같은 것,
아니면 그보다 희미한 것, 안개 낀 사과나무 장 속으로
보이는 사과 같은 것?
침대 시트 오목한 곳에 놓인
해질녘 색의 사과 같은 것?

여기 다가오는 발걸음, 그 단조로운 발소리는
단어들을 공포에 질린 새처럼 다 흩어놓을 것이다.
아니 머리 주변을 포위하는 파리떼로 만들 것이다,
다가오는 걸음보다도 더 끔찍한 파리떼로.

새장에서 끄집어내야 할 건 대담한 비둘기.

오직 그 하나! 하지만 우리 가운데 누가 그 비둘기를 부를
　　수 있을까,
이름이 있다 해도, 그 이름을 아직 알고 있는 자 누구일까,
아직 그 비둘기를 바라볼 수 있는 눈을 가진 자 누구일까?

* 　레키토스는 고대 그리스에서 주로 향유를 담는 데 사용된 항아리로, 그중 일부는 장례 의식에서 무덤 앞에 두거나 시신에 기름을 붓는 데 쓰였다. 특히 흰색의 레키토스에는 죽음과 이별을 그린 장면이 묘사되었다.

에트루리아의 귀부인

식사를 하려는 듯
반쯤 누워 있는 그녀를 발견한다,
그녀의 재를 담은 용기 위에서.

손에는 이파리 형태의
부채 하나를 들고 있다.

수세기 전부터, 움직이지 않은 이 모든 것,
분홍빛, 흙으로 빚은 유골함,
그리고 우리에게 온화한 경애심을 갖게 하는
또다른 것

무겁지도 튼튼하지도 않은
작은 함,
그녀의 화장대 위, 살아 있는 아름다움의
초상화가 그려진 향유함 같은.

그리고 거기 멀지 않은 곳에, 그녀의 거울이.

그 부인은, 한 남자의 전적인 사랑이었다.
토스카나의 한 계절에, 아니 한 생애에,
우리의 발길을 아직도 밝게 비추는 같은 태양 아래서.

그러나 거울은 그녀의 숨결을 더이상 두려워하지 않아도
    된다.
그 이파리 형태의 부채는
부끄러워 발개진 얼굴을 더이상 감추지 않아도 된다.
산들바람을 이젠 다 잊어버렸을테니……

그런데, 참으로 이상하다, 이런 죽은 자들의 상이
여전히 어떤 모호한 사랑의 감정을 불러일으키다니,
그림자가 되어버린 우리에게!

빈 발코니

크리스마스 며칠 전, 우리는 A.C.가 이탈리아에서 보내온 엽서를 받았다. 성탄절 주간 이후에 보자는 내용이었다. 이 엽서에는 그전에는 그다지 유심히 보지 않았던, 스크로베그니 성당에 있는 조토의 〈수태고지〉의 세부가 실려 있었다. 빈 발코니가 보이고 그 구석에 나무 재질의 직각 지주가 있는데, 거기에 베이지색의 작은 커튼이 매달려 있다. 그리고 커튼 맨 아래 끝부분이 고딕 양식의 두 창문 중 한쪽 창 안쪽으로 집어넣어져 있다. 커튼이 발코니를 다 가리는 것도, 바람에 흩날리는 것도 피하기 위해서인 것 같다. 분홍색 코니스* 세 개가 층층이 그려진 이 발코니 뒤에, 그리고 이 발코니 왼쪽에 푸른 하늘이 보이고, 몇 개의 구름도 보인다. 벽의 습기로 인한 얼룩일 수 있지만 어쨌든 내겐 구름처럼 보였다. 이 빈 발

---

* 고전 건축에서 벽과 천장 또는 벽과 지붕이 만나는 부분에 수평으로 돌출된 장식 요소를 말한다.

코니의 신선함과 그 신비로움이 마음에 들었다. 이 엽서 그림은 난로 선반 위 연하장들 캠프 한가운데에 자리잡았다.

    12월 29일과 30일 사이 저녁, 그녀의 연인과 다른 몇몇 친구들과 함께 신년을 기념하기로 했던 그때, A.C.는 자동차 사고로 사망했다. 여기서 아주 가까운 곳이었다. 자신들을 위해 짓고 있던 집에서 그다지 멀지 않은 곳이었다. 우린 당장 그리냥 병원 영안실로 갔다. 그것이 의례였고, 우린 회피하고 싶지 않았다. 무엇보다, 부조리하게 들릴 걸 알지만, 그녀를 혼자 거기 놔두고 싶지 않았다. 그녀를 눕혀놓은, 내가 들은 표현이 맞다면, '차가운 테이블'이 있는 곳으로 갔다. 그걸 정면에서 바라보기란 참으로 힘들었다. 이튿날은 더더욱 힘들었던 것 같다. 관을 닫기 전, 영국으로 돌아가기 위해 그것을 '납봉'하기 전, 관 속에 누워 있는 그녀를 마지막으로 보았다—우리와 함께, 뒤에 서서, 무표정한 얼굴로 있는 장례식 진행자는 자신의 '조치'를 칭찬해주길 기대하는 듯했다, 아니면 다음 날짜를 잡길 기다리거나. 대부분을 안개와 비의 고장에서 살았지만 그녀의 피부는 태양으로 물든 듯 항상 황금빛이었다. 그런데 이젠, 벌써, 밀랍처럼 노랬다.

다시 한번 몸은 그저 덮개에 불과하고 그 안의 아름다움이나 은혜로운 능력은 빌린 것이라는 걸 깨달았다. 심장이 뛰기를 멈춘 순간, 이 몸은 그녀이기를 멈춘다는 것. 우리가 알고 있던 그녀는, 만약 여전히 어떤 식으로든 계속 존재할 수 있다면, 이미 떠났고, 우리 눈앞에서 시작된 이 형언할 수 없는 것과는 아무런 관련이 없다는 것(그렇다면 그녀를 치고 간 형언할 수 없는 그 우연과도 아무런 관련이 없는 걸까?). 우리 하늘 아래서, 살아 있는 자들의 하늘 아래서, 그렇게 조용히 그렇게 꾸밈없이 꽃피웠던 그녀가, 이제 다른 곳에서 다른 방식으로 꽃피우게 될까?

나는 난로 선반 위에 있는 그 가벼운 연하장을 들어 올렸다. 따로 떼어둔 그 엽서 뒷면에 그녀가 우리에게 남긴 마지막 말이 되는 셈인 몇 줄의 글이 쓰여 있었다. 당연히, 나는 꿈도 예언도, 더더욱이 우리에게 무엇이 좋다거나 해롭다거나 하며 알려주는 별자리 점도 전혀 믿지 않는다. 그렇지만 조토의 벽화에 그려진 이 흰 커튼을 시체가 치워진 수의처럼 보지 않을 수 없었다. 이 발코니는 정말 텅 비어 있었고 젊은 부인이—한때 그 부드러운 색조들은 그녀를 위해 마련된 것 같았을 것이다—거기서 몸을 약간 숙이고 있을 일은 영영 다시 없을 것 같았다. 그 순간, 이 상은 완전히 신비로워졌다. 이 상은 그림 속 장면 속에 지금도 여전히 새겨져 있는데, 그 장면에서는 한 진지한 천사*가 부동의 자세로 있는 한 젊은 여인에게 우리가 다 알고 있는, 감동을 받는 사람이 있더라도 이제는 거의 아무도 믿지 않는 소식을 전하고 있다. 내겐, 이 상이 이제 전혀 다른 끔찍한 소식과, 또 다음과 같은 하나의 장면과 연결될 것이다. 그 장면에는 천사들이 있다고는 하지만, 그야말로 보이지도 않고 포착되지도 않는다. 악마들도 없다(차라리, 악마들이 있으면 더 안심될 수 있다). 그저 어둠뿐이다. 어둠 속의 태형, 일종의 블랙홀이 있을 뿐이다. 이해가 안 되는, 형언할 수 없는 밤으로의 추락이 있을 뿐이다. 그럼에도, 나는 지금 이 밝고(청춘의 몸처럼 상아색과 분홍색으로 그린) 열린 발코니, 배경의 파란색, 그리고 당겨진 커튼(일부가 접혀, 텅 빈 수의 같다)을 본다. 이 좁은 창문 그 어딘가에서도 몸을 기울이고 있는 사람을 우리는 절대 볼 수 없을 것이다. 우리가 알았던, 그리고 우리가 사랑했던 안드레

---

* 신약성서에 기록된 예수 탄생 일화에서 가브리엘 천사는 동정녀 마리아에게 나타나 예수 그리스도의 잉태를 예고한다. 수태고지 Annonciation의 주제어는 수태라기보다 '알림' '예고' 그 자체이다.

아 C(하필 이탈리아식 이름을 가져야만 했을까?), 그 모습 그대로 그녀는 이 세계 그 어떤 하늘 아래서도, 그 어떤 창문 아래서도 보이지 않을 것이다. (더욱이 똑같은 일이 우리에게도 차례차례 돌아올 것이다.) 하지만 난 이상하게 이 푸른색을 계속해서 보게 된다. 열린 발코니 한쪽으로 들어와 그 안을 마치 유리잔처럼 채우는 푸른색을. 가끔, 이상하게도, 푸른 하늘과 거기 사는 새들 사이에는 별다른 차이가 없다고 믿게 된다.

햇볕에 그을린 두 손에 안드레아가 항상 들고 있던 행복한 술잔을 이 하늘 아래에서 한 순배 돌려야 할 것이다.

그렇다 해도, 그녀가 있는 곳이, 그녀가 싫어했던, 그래서 남쪽에서 살기를 꿈꾸게 만들었던, 언제나 비와 안개 속에 있어야 했던 곳보다 더 나쁠 수도 있다는 생각이 드는 건 어쩔 수 없다. 그러나 나도 안다. 이건 그저 말하기 위한 방편일 뿐. 그녀가 이제 존재하지 않는다고 아직은 말하지 않기 위한 방편, 더이상, 어떤 식으로도, 우리의 끝도 없는 비와 맑은 날씨에 대한 이야기들이 그녀와 아무 상관이 없다고, 나아가 우리의 빛과 그림자에 대한 이야기마저도 아무 상관없다고 아직은 말하지 않기 위한 방편. 여기 갔다 저기 갔다 하는 일, 매일 아침, 점점 어려워지는 근육을 펴고 관절을 연마하는 일, 우리의 불안, 위로, 분노, 이제 그녀는 그 모든 것들—침울한 것이든 반짝이는 것이든—의 무게에서 단번에 벗어나게 되었다. 그 일은 현기증이 날 만큼 충격적으로 일어났고, 그것을 둘러싼 정황들 또한, 다른 방식으로, 마찬가지였다.

옛날에는, 전투에서, 남자들은 갑옷을 입었다. 우린 아니다(그 무게조차 버텨내지 못할 것이다). 정신을 위해서 생각으로 무장하기도 했다. 더욱이, 어린 시절부터 적절한 훈련을 받았다. 이제 우리에게 갑옷이라곤 타격을 당하면서 더해진 결점들뿐이다. 더욱이 우리의 생각은 화살이나 창이 되어 우리를 향해 돌아올 뿐이다.

또 한번, 내 생각은 달아나고 쪼개진다, 이 죽음 앞에서. 모든 말은 그 앞에서 그저 눈속임일 수밖에 없거나 그렇게밖에 되지 못할 위험에 처하는 것 같다. 그것이 비록 새벽빛의 황금 가루로 이뤄진 눈속임일지라도. 이 도저히 참을 수 없는 것을 가릴 막을 치기 위해, 그것에 대처하기 위해. (고통에도 단계가 있다면, 이보다 더한 고통도 있다. 훨씬 느리고, 훨씬 우회적이고, 훨씬 불쾌하고 비열한 것.)

이렇게 말할 수 있으면 좋겠다. 날 따라와. 내가 너에게 여기 숨겨진 문을 열어줄게. 그런데 나 자신은 거길 지날 수 없다. 그래서 그게 어디로 통하지는지도 알지 못하고. 다만 그곳에서 네 팔이 그 그을린 색을 더이상 잃지 않아도 되길. 일종의 빛 속의 유배지, 빛 속에 억류된 곳이길.

두 초안

시인 피에르 들릴을 추모하며

잎사귀 외투를 입고, 이렇게 살았다.
이어 구멍이 나고, 서서히 누더기가 된다.

위에서 비가 내린다, 지치지도 않고 끝도 없이.
진창에 태양 유골을 뿌리며.

내버려두자.
조금 있으면, 빛 외에 더 필요한 건 없을 테니까.

그렇다. 어떻게든 잡고 있어야 하는 것은 빛이다. 눈이 보이지 않기 시작할 때, 아니, 환영 또는 그림자 또는 추억밖에 보이지 않기 시작할 때, 그 눈부신 빛을 간직하고 있는 소리를 만들어내야 한다. 청각이 쇠약해지면, 손가락 끝을 튕겨 불똥 또는 열기를 통해 그 소리를 전달해야 한다. 점점 더 차가워지고 약해지는 이 몸(우리가 자주 외면하고 싶어하는)으로부터 날갯짓을 하며 달아나는, 눈에 보이지 않는 형상이 있다고 믿어내야 한다—우리에게 친숙한 새들, 이 세상의 울새나 박새는 이 형상의 소란하고도 겁많은 반영일 뿐이라고.

이 세계의 빛이 일단 완전히 접혀 후퇴하면,
이 더미들과 주름들을 보살피는 보이지 않는 하녀를
사랑하지 못하게 막을 이 누구인가?

라르슈 고개*에서

---

*   프랑스와 이탈리아 국경을 사이에 두고 있는 알프스산맥의 고개.
고도 1,991미터로 이탈리아에서는 콜레 델라 마달레나라고 부른다.

만일 있다면, 오늘까지도 아직 열린 틈이 있을 수 있다면(못을 박아버린 문 밑으로 약간의 빛줄기가 새어나오듯)—그렇다면 이번만은, 그 열림을 줄곧 의심해온 것들로 그것을 메워버리려고 시간을 허비하지 않으리, 얼버무리거나 울먹이느라 한순간도 허비하지 않으리—오늘날까지도 아직 열린 틈이라 할 수 있는 것이 있을 수 있다면(그러니까, 내가 이런 생각을 처음 떠올렸던 그 고개 같은 곳, 아주 오래전 어린 시절의 기쁨을 의식하지도 못한 채 다시 느꼈던 곳), 그건 그 어떤 다른 것보다 더 나은, 바로 이런 열린 틈이어야 할 것이다. 아무런 의미가 없어 보일지언정, 더 그럴 법한 이유를 찾지 못해, 이 새로운 난센스에 나는 또 집착하고 있다.

 하루의 끝, 얼음처럼 차가운 알프스산 강물의 튀어오름, 솟구침. 웃음 만발한, 즐거운, 기뻐 죽겠는 이 추락. 강물의 굴러떨어짐 혹은 급락……

우리가 다시 오른 산길, 약간 옆길로, 경사면을 오르느라 숨을 헐떡이다 약간 몸을 부르르 떨었는데, 왜냐하면 밤이, 순식간에 졌기, 아니 져 있었기 때문이었고, 강물은 여전히 맑아 거의 보이지 않거나 눈에 보이기엔 겨우 존재할 뿐이어서, 오직 지층 바닥의 편암을 더 잘 보이게, 빛나게 해주고 있었다……

웃음 만발한, 즐거운, 기뻐 죽겠는? 아니, 재고해보면, 그것보다 훨씬 은닉되어 있고, 회피해 있고, 훨씬 아득했다.

우리 위, 우리 두 눈 위 경사면은 더욱더 가팔랐고, 그 흐름을 방해하는 장애물들은 더욱 무성하여 진짜 돌로 된 철책 같았다. 거기에서 강물은 완전 하얗고 세찼기에 밤이 왔을 때, 눈사태가 난 게 아닐까 생각이 들 정도였다. 눈이라는 것이 그저 쌓여 있는 침묵이 아니라면 말이다. 하지만 강물은 폭발하고 있었고, 격렬하게, 왕성한 혈기로 굉음을 내고 있었다―마르모트의 굴이 뚫려 있는 이 풀밭들 한가운데서.

    훨씬 더 위, 완전 꼭대기에는, 보루들이, 요새들이 우뚝 서 있었다(더 정확히 말하면, 지도에 표시되어 있는, 버려진 요새가 하나 있었다. 틀림없이, 아주 오래전부터 버려져 산꼭대기들처럼 아무것도 없이 텅 비어 있었을 것이다).

    영웅적 풍경. 이런 건 실재한다. 우리 중 가장 겁이 많은 자라 해도, 이 풍경에 조응하는 생의 약동이 남아 있을 것이다. 밀레니엄의 끝이라고는 하나, 반드시 추하고 타락한 것에만 현실성을 부여해야만 하는 것은 아니다.

    어떻게 그게 이 돌들에서 솟아날 수 있었을까? 이 거대한, 무거운, 부동의 덩어리들로부터? (가까이에도 멀리에도 모세 같은 위인은 없는 것 같은데. 이 뿔난 산들 가운데 하나가 모세를 떠올리게 했다든가, 그가 돌아올 수 있다는 생각을 불러일으켰다면 모를까.)

거의 집중 포격.

바로 그래서 웃음 만발한, 즐거운, 기뻐 죽겠는 같은 표현이 이 강물에 어울리지 않는다는 것이다. 격렬하고 난폭한(그러나 보루 왕관에도 불구하고 잔혹하지는 않고, 전투적이지도 않다. 그렇게 말한다면 강물을 우리와 너무 가깝게 만들어버릴 것이다), 신선한, 아무것에도 닳지 않고, 아무것에도 흔들리지 않고, 최초의 것. 가장 기묘한 것은 아마도 가장 급속한 시간의 상(가장 경쾌하고 가장 민첩한)인 동시에 시간 바깥의 상, 혹은 시간에 의해 가장 덜 손상된 상이라는 것. 변질되지 않아 가장 갈증을 풀어주는.

라르슈 혹은 아르슈 고개.* 세계 종말의 시각에, 다른

---

* 자코테의 문장 안에서 라르슈 고개 Col de Larche는 '방주의 고개'라는 뜻을 가진 아르슈 고개 Col de l'Arche로 겹쳐 읽히며 방주의 상징성

비둘기들이 거대한 소리를 내며 날아오를 곳. 그래서 마음이 진정될 것이다.

이탈리아인들에게는, 이건 마들렌의 고개이다. 마치 다시 다 풀어헤쳐지고 펼쳐진 그녀의 머리채처럼. 하지만 이번엔 당신의 발을 치유하기 위해—쉼터에 도달한 모든 여행자의 발을 치유하기 위해.

예이츠의 우화에서는, 세월이 쌓인 그림자가 이렇게 노래하며 어딘가를 지나간다. "난 아름다워요, 난 아름다워요…… 난 젊어요, 난 젊어요…… 날 보세요, 산들이여, 날 보세요, 저물어가는 숲이여, 왜냐하면 당신들이 떠밀려난다 해도, 내 몸은 이 하얀 강물처럼 반짝거릴 테니까요."

이 노래의 어느 대목—『신곡』에서 종종 그러하듯 어딘가에서 불쑥 들려오는 방식으로—은 거의 광기에 가까

을 덧입는다. 프랑스어에서는 모음으로 시작하는 명사 앞에 관사가 붙을 때 축약되므로 l'Arche 역시 '라르슈'로 발음되지만 본문에서는 차이를 드러내기 위해 '아르슈'로 표기하였다.

운 생각을 말하는 듯하다. 가장 순간적이고 가장 재빠른 것이 산보다도 더 오래 살아남을 수 있다고, 지나가며 재빠르게 말하는 것이다. 아마도 내가 여기 이 강물에게서 들은 것도 그 비슷한 광기 아니었을까?

격류, 이 말이 마지막 단어가 되길 바란다. 왜냐하면 어떤 단어보다도 격류라는 단어에 '마지막'이라는 형용사가 어울리지 않기 때문이다.

웃음이 만발한 것도 아니고, 기뻐 죽겠는 것도 아니고, 전투적인 것도 아니다. 이 산속에서, 젊은 시절의 연인들을 꿈꿨다 할지라도, 이젠 그녀들이 그다지 가깝지 않다는 것을 받아들여야 한다는 말이다. 이젠 그녀들과 이별해야 한다. 더는 그녀들의 매력에 굴복하지 않고, 다른 먹이를 잡고 싶다면 말이다. 이젠 더이상 통통 튀는 웃음소리가 중요한 게 아니다. 먹잇감도 아니다. 이 음악은 다른 것이다. 이 목소리는 더이상 목소리가 아니다.

나 역시 이제 천사들을 소환하길 삼가려 한다. 이 고지대에서는 이 단어가 너무 빨리 내 입술을 찾아온다. 아니면 그것은 그저 하나의 추억에 불과할 뿐이다. 축제를 꾸미기 위해, 연극의 장면 하나를 꾸미기 위해 다락방에서 가지고 내려오는 오래된 촛대 같은 것, 시 한 편을 별 힘들이지 않고 간편하게 고양하려고 쓰는 연회용 단어 같은 것. 아니 설령, 그 단어에 조금이라도 진실된 것이 남아 있다 하더라도, 그것에 대한 경험은 너무나도 강렬하고 내적이어서 그것을 보이는 데에는 극도의 신중함이 필요하지 않을 수 없을 것이다.

여기선, 꿈을 꿔선 안 된다. 후회하며 무너져서도 안 된다. 꿈, 후회, 이런 것들은 당신을 산만하게 만들고, 현재를 고갈시키고, 결말을 서두른다. 어차피, 그럴 시간도 없지만.

그날 저녁, 물론 더 흐릿한 방식이긴 했지만 그전에

도 몇 번, 나는 어린 시절의 순간들—나는 산속 격류 근처에서 노는 것을 좋아했다. 그곳을 건너는 것을, 아니면 그냥 소리 듣는 것도 좋아했다—로 되돌려졌고, 덕분에 오늘날의 내 경이가 별 노력 없이도 오래전의 것과 합류하였기에 그것을 내 삶의 통일성과 지속성을 명징하게 드러내는 반짝이는 실이라고 생각할 수 있게 되었다⋯⋯ 바로 이러한 시간의 거슬러올라감만으로도 내 이야기를 빛내주던 섬광을 설명할 수 있을까? 어린 시절과 합류하는 것이, 결국은 그렇게도 경이롭고 중요한 일일까, 마치 자기 자신이 되어버린 미로의 실을 되찾는 것처럼? 그런데 이 미로에서 길을 잃고, 지체하고, 되찾고 할 만한 가치가 있을까?

사실 나는, 돌의 입에서 급하게 튀어나와 나에게 전해진 말이 이런 것이었다고는 생각하지 않는다.

편암으로 된 검은색 또는 보라색 장벽 위로 강물의 이 급속한 튀어오름.

이 고개를 넘어가면, 이제 이튿날 아침이 되어 아름다운 태양 속에 흘러내린 눈이 고지 하계 목장의 누렇고 빽빽한 풀을 적실 것이다. 거기서부터 피에몬테로 향하는 길은 구불구불 흐르는 내리막길로, 초록과 빛이 결혼한 분화구로 이어진다.

머리빗에서 나는 소리 같고, 청석돌 피크에서 나는 소리 같은, 급하게 내리달리는 이 말소리를, 이 시원하고 경쾌한 목소리를 들려주고 싶다. 또 나도 계속해서 듣고 싶다. 이 세상에 이와 비슷한 건 정말 없을 테니까.

격류. 마지막으로 선택된 단어가 결국 이것이다. 그 흔적을 새기는 이에게 이어 무슨 일이 일어날지 알 수 없어도, '마지막'이란 형용사가 어떤 경우에도 그 단어와 어울리지 않는다는 바로 그 이유 때문에. 왜냐하면 격류는 튀어오르고, 내달리고, 넘쳐흐르기 때문이다. 그게 돌에서부터, 이 커다란 차가운 무덤 돌바닥에서부터 출발해 그렇게 될 수 있다는 것은 아무도 결코 상상하지 못했을 것이다.

(밤이 시작되고, 밤이 다가오면서 날아오른 올빼미의 흰빛. 웅성거림, 깃털의 구김살과는 전혀 다른 것.)

청석돌 피크를 울리는, 거의 보이지 않는 질주. 밤이 임박한 가운데 청석돌 소리를 누가 내나. 밤이 오자마자 곧장 추워지는 이 고지에서.

(아니면 호리호리한 짐승이 달려가는 것 같다. 오리온으로부터 탈출해, 편암 포석의 두터운 풀 복도 속으로.)

(아니면, 이미 오래전 볼 수 있었던 이동하는 목축 무리들 중 하나가 성급히 지나가며 우리의 밤을 어렴풋이 밝히는지도.)

이렇게 이 장소는 순수한 환영으로 날 감싼다. 잠깐이라도 난 이 환영을 지우고 싶지 않다. 고개를 몰래 넘으며, 이미지들의 행상인처럼 차려입기, 너무 아름답지 않은가……

갈라진 풀들 속 물의 선로 변경.

신선함. 거긴 비밀이, 중심이 있을 것이다. 민첩함, 경쾌함.

마침내, 여기 도착한다. 이건 나의 '잠깐의 피난처'다. 그 너머로 갈 필요가 없다. 죽음이 떠오르는 이 음산한 기념물의 발치에서, 확고부동함, 진중함, 침묵 그 자체인 산속에서, 나는 본다, 나는 듣는다, 시간과 같은 어떤 것이, 그 투명함을 여전히 잃지 않고, 닳아빠진 티를 조금도 내지 않으면서, 점점 더 멀어지면서도 여전히 반짝이며 경쾌하게 달리는 것을. 나는 그걸 본다, 달리는 그걸 듣는다. 그런데도 움직이지 않는 어두운 밤하늘과 비슷해 보이기도 한다. 물의 성좌들이 너무 빨리 와르르 쏟아져 이름을 지어줄 생각도 못하지만.

하지만 그렇게 마모되지 않고, 부식되지 않고, 영원히 신속하게 튀어오르며 달린다 해도, 그것만으로는 충분치 않다. 차가움, 이 고도와 이 밤의 추위 속에 박힌 차가움이 당신을 거기, 마음 깊은 곳에서 멈춰 서게 만든다. 그 찰나에, 아주 오랫동안, 영원히.

어떻게 그런 일이 가능한지 이해할 수 없는 방식으로, 그것은 우리에게 파악 가능하고, 상상 가능하고, 접근 가능하게 되는 것일까―"영원도 이보다 더 신선하지 않다." 바로 격류가 말해주는 것.

하지만, 잊지 말도록 하자. 겉보기와는 달리 그것은 목소리가 아니다. 그것은 말이 아니다. 그것은 '시'가 아니다…… 그것은 돌들을 떼밀어 달리는 물이다. 그리고 난 내 손을 거기 푹 담갔던 것이다.

이 흐름을 꾸미지도, 흔들지도, 억제하지도 말아야 한다.

손, 입술까지도 거기 담글 수 있다는 것, 이거야말로 엄밀한 사실이다. 그러나 이 산들로부터 쏟아져내리는 것이 비단 물만이 아니라는 것 또한 엄밀한 사실 아닌가? 협곡, 과수원, 초원을 지나오면서, 아니 그것들이 나를 지나가게 하면서, 내가 그것들에 대해 이해했다고 생각했다면 그건 이런 것이 아닐까?

격류는 말한다. 그렇게 볼 수 있다. 하지만 정말 자기 목소리로. 물의 소리로. 그렇다면, 지금까지는 나도 모르게(결정적으로 정신은 너무 느리고, 너무 둔하다), 내가 이 소리 내부에 대해, 이 경주 내부에 대해 말하려고 한 걸까? 물속의 보이지 않는 것, 그것을 통해 강물이 내 안에 있을 보이지 않는 것을 건드린다고?

격류, 불타는 것. 마치 가장 신선한 것이 찰나의 순간 두 세계 사이의 불꽃이 될 수 있는 것처럼. 나이 든 여행자가, 고개를 넘으면서, 까마득한 저 어린 시절을 향해 잠깐 고개를 돌리는 순간일까. 계곡 저 바닥에 몇몇 안개 조각들이 겨우 생길까 말까 한 1초의 공간. 그를 아직도 기다려주고 있는 것만 같은 것과 합류하는 듯한 착각, 환각.

수많은 세월이 흘러

수년 전부터, 우리 주변에서, 가까이에서 또는 멀리에서 일어난 세계의 사건들—하지만 정말 먼 것도 없고, 어떤 관점에서 보자면, 특별히 가까운 것도 없다—,이른바 역사. 우리가 그 밑에서 살고 있을지도 모를 산들이 금이 가고 흔들리는 것 같다. 여기저기서, 심지어, 우리 산자락 일부가 무너져내리는 것을 보았다. 마치 땅이 가라앉을 것처럼.

한편, 역사라면, 의심의 여지가 없다. 한 세기에 가까운 인류의 역사—우리가 살았을—에 관해서라면. 그것은 산과도 같은 무시무시한 덩어리다. 그래서 생각을 선회하기란, 가슴으로 그 무게를 버티기란 여간 힘든 일이 아니다. 그 많은 폐허들과 묘지들, 전멸의 캠프, 곧 이 세기 가장 가시적인 기념물이 될 또다른 종류의 음산한 산들. 전쟁의 번식, 모든 규칙의 급속한 부식, 대립하는 규칙들 사이의 집요한 갈등. 당신의 시야를 막고, 미래를 거의 전적으로 어둡게 만드는 이 모든 다중적이고, 거대하며, 집요한 것들.

 이는 우리의 생각과 아마도 우리의 행동을 바꾸었어야 했고, 지금도 그래야만 할 것이다, 이미 보았다시피. 그렇지만, 옳건 그르건 간에, 나에게 있어 본질적이었던 것은 소년 시절 이래로 여전히 그대로 남아 있다.

 그 모든 것에도 불구하고, 산 밑에서 보호받으며 살아가는 이들 그리고 우리 대부분에게는 산들이 여기저기 떨어져나갈 거라는 불길한 예감 그 이상은 없었고, 세계는 그저 불행으로만 이뤄져 있지는 않았다. 그런 시절들, 우리가 각자 좁디좁은 자기 운명의 틀 내에서 내적으로 체험한 그 시간들, 그것이야말로 얼마나 사소하고, 짧고, 한낱 수증기 같은지! 한 세기의 역사와 달리 우리가 유일하게 어느 정도 내면화할 수 있었던 우리네 삶의 역사라는 게 얼마나 미세하고, 가소롭고, 실재하지 않는 것처럼 보이는지! 정말이지, 산 밑에서 피어오르는 한줄기 연기. 그렇기에, 산들의 크기와 움직임에는 비교조차 하기 어려운, 언급하거나 고려할 만한 가치가 거의 없을 정도로 너무나 미약한 존재.

수많은 세월, 세계로 보면 거대한 덩어리지만 우리에겐 거의 아무것도 아니다. 아무도 건너갈 수 없는 한계선에 한 발 한 발 다가가지만—이미 3천 5백 년 전, 길가메시에게 선술집 여주인이 이런 말을 했다. "태초부터 지금까지 이 바다는 아무도 못 건넜어요!" 아니 바로 그렇기 때문에, 그 수증기, 연기 때문에 직관이, 희망이 당신 안에 상존하는 것이다—실재가 어떤 식으로든 어느 자리로든 우리 안으로 들어오기만 한다면 그것을 헤아리고 측정하는 또다른 방식이, 실재와의 관계 안에서 형성되는 또다른 척도가 있을 수 있다는 직관, 희망.

수많은 세월이 흘렀건만 너무 짧은 세월이었고, 우리는 아무런 무게도 없는 존재인 반면 불행의 무게는 그토록 짓눌렀다. 모든 게 너무 잘못 조율된 탓에, 혹은 규칙들이 너무 닳아버린 탓에, 우리 각자 내부의 최악의 것이—이건 폭력이면서 동시에 삶이다—점점 더 자주, 이러한 붕괴를 틈타 맨 밑바닥에서 올라와 타인 안에 있는 다른 최악의 것과 결탁하여 그 안의 최선의 것을 타락시킨다.

이 모든 게 너무 가시적이다. 울부짖으므로. 그토록 노출되고, 또 너무 크게 외쳐지기에 많은 이들이 거기에 익숙해지고 각자 그것에 순응해버리고 만다. 하지만, 기적적으로 또는 객쩍게도 당신에게 남아 있을 수 있는 또 다른 시선으로 불쑥, 슬쩍 다른 것을 본다, 보게 된다. 우리가 그것을 처음으로 보게 된 것은 청소년기였는데, 그토록 수많은 세월이 흐른 후—우리가 살아낸, 실상은 너무나 미미한 시간이 지난 후, 우리가 같은 것을 여전히 보고 있다면, 그것은 우리가 충분히 성숙하지 않아서일까, 아니면 반대로 우리가 애초에 정확히 보았기에 지치지 않고 마지막까지 되돌아가야만 하는 걸까?

적어도 시라 부르는 것을 아직도 쓰고 있거나 읽고 있는 자는, 이런 유사한 직관을 갖고 있다. 그 직관은 너무도 시대와 맞지 아니하여 그는 종종 자신을 하찮은 생존자라고 생각할 정도다.

달리 보이는 것, 요컨대 밖에서 보일지라도 우리 자신 내부로부터 보이는 것은 우리 안 가장 내밀한 것에 합류하는 것처럼 보인다, 아니 우리의 가장 내밀한 곳에서만 그 전체를 드러내는 것으로 보인다.

이 사태 속에서, 세상의 그 모든 외양들이 다 우리에게 반反한다. 말하자면, 이런 외양들의 허점을 잡을 희망조차 없는 것이다. 단, 그 외양들 중 어떤 것이 우리 안에

침투해 들어와 우리 안의 아름다운 길을 따라 흐를 때를 제외하곤.

겨울 하늘에 핀 단명할 장미에
손에 거의 담길 만한
이 잉걸불을 바칩니다.

(그럼, 그들은 이렇게 말하겠지.
"아무 의미 없잖아."
"아무것도 낫게 하지 못해.
눈물 한 방울 닦아줄 수 없는걸……")

하지만, 이 불을 보면서, 생각하면서,
간신히 손안에 잡아보는 순간,
간신히 붙잡히는 순간,
우린 움직이지 않고서도 마지막 눈물 너머로
한 발 내디딘 게 아닐까?

겨울의 끝,
첫번째 꽃들만큼이나
여전히 신실한 것이 있다

하늘 아주 높은 곳에 눈처럼 신선한 것이,
일종의 군기軍旗 같은 것이
(오직 그 깃발 아래서라면 징집을 받아들일 수 있을 테
 고),

가장 높은 곳에서 활짝 펴지는
신선한 천 같은 것이, 어떻게 말해야 하지?
의심할 바 없어 불가피한! 비록 푸른 하늘 속 보이지 않
 는다 해도,
만질 수 있는 세상의 사물만큼이나 확실한 것.

아니, 모르겠다, 뭐라 말해야 할지 모르겠다.
다만, 어느 저녁 아주 높은 곳에서 활짝 펼쳐지는 것 같
 다고 말할 수 있을 뿐.
시야 너머에서,
활짝 펼쳐진다는 것도 틀린 말일지 모른다.
거기 있는 것. 크게 열려 있는 것.
(이래도 충분히 말하지 않은 것 같고, 아니면 너무 많이
 말한 것 같고.
그러나 그걸 잊어버릴 수도, 침묵할 수도 없다.)
천의 움직임, 아주 높이, 거의 이 세계 바깥에서,
하지만 바로 여기,
바로 당신 이마 위에 신선한 기운을 가져온다.

이건 눈이 아니다,
하얗거나 파란 군기도 아니다.
활짝 펼칠 수 있는 어떤 것도 아니다.
그런 어떤 것에도 이렇게 높은 자리를 주진 못한다,
제아무리 비둘기여도!

바로 그렇기에 역시 어떤 종류의 사냥꾼에게도
잡히지 않을 수 있다.

(이곳을 지나가는 그림자들의 얼굴이
그렇게 슬퍼 보인다면,
보이지 않는 것을 보지 못하게 되어서일까?)

마침내, 이제, 마지막 공무.

이 페이지들을, 이 얇은 천들을 다시 접기.
더는 아무것도 들리지 않기를, 이런 마음 씀에서 생겨난
저 멀리, 공기 한 자락 바스락거림 외에는.

옮긴이의 말

류재화

바스락거리는 이 나뭇잎 시

시가 어디서부터 잘못된 것일까. 왜 필리프 자코테는 '시poésie'라는 단어보다, 그 대안으로 '수첩' '노트' 같은 단어를 선호하며 파편적이면서도 짧은 산문시를 썼을까. 고대 그리스어 poiéō에서 왔다는 '포에지'. poiéō는 '만들다' '창조하다'라는 뜻이라고 한다.

시를 다시 상형문자로 가만히 그려본다. 詩. 말의 사원? 사원이란 하늘을 찌를 듯 높이 증축된 건물이 아니라, 어느 이른 아침 우연히 보았던 마애불입상磨崖佛立像의 얇고 낮은 표면일까? 흐릿하고 판판하던 암벽 표면이 불현듯 그 양각과 음각을 드러내던 찰나적 시간. 아! 그때 나는 순간 속으로 탄성을 토했다.

문자가 허한 줄 알면서도, 문자가 많아지는 시대. 시인들에게 언어 활동은 그 은혜로운 능력으로 할 수 있는 유일한 공무이면서, 기피하고, 회피하고 싶은 마지막 공무 같다. 적어도, 언어의 권위를 인정하지 않는 시인이라면 말이다.

필리프 자코테는 마지막에 결국 이렇게 말한다.

마침내, 이제, 마지막 공무.

이 페이지들을, 이 얇은 천들을 다시 접기.
더는 아무것도 들리지 않기를, 이런 마음 씀에서 생겨난 저 멀리, 공기 한 자락 바스락거림 외에는.

『초록 수첩』에 등장하는 벚나무, 모과나무, 비 오는 날의 초록 잎사귀. 상앗빛, 젖빛 역광 빛나는 협곡, 과수원. 종달새 하늘 높이 노래하는 랑스 바위산. 8월의 뜨겁고 붉은 황소자리 별들, 숯불 화로에서 막 튀어나온 것 같은 말벌들, 아니 달아오른 생각들, 몽상들, 삶과 죽음이 교차하는 들길에서 본 개쑥갓, 어수리, 치커리. 골목 어귀에 순순히, 그러나 높이높이 피어 있는 접시꽃, 또 정원의 탐스럽고 안쓰러운 작약……

관념적 담론으로 가득한 산문에서, 완두콩이나 껍질을 벗긴 오렌지, 푸른빛이 감도는 아스파라거스 등이 불쑥 등장한다면, 본론을 벗어난 듯한 일탈의 느낌이 들면서도 기가 막힌 물질성의 현현으로 읽는 내내 오감이 즐거울 것이다. 플랑드르 화가들이 그린 정물화를, 인상파 화가들이 그린 붓 터치 가득한 풍경화를 시인이 언어로, 그러니까 단어로, 문법과 문형으로 구현하지 말란 법이 있을까.

입방형 건물 하나를, 뭉게뭉게 피어나고 사라지는 비현실적 구름 하나를, 나뭇잎의 그 복잡한 잎맥들과 귀엽고도 거친 뾰족한 선들을 정확히 그려내는 데도 수년간의 연습이 필요하듯, 시인들은 이에 육박하는 내공으로, 단어를, 문형을 정확히 놓고 배치할 줄 알아야 할 것이다. 내포와 외연이 따로 있지 않고, 외연이 곧 내포이도록, 절체절명의 진실이라 부르는 대상 자연을 정확히 현현하기!

필리프 자코테의 『초록 수첩』은 지나친 관념적 담론을 강박적으로 자제하고, 감각적이고 물적인 자연의 실상을 거의 있는 그대로 재현하는 데 집중한다. 그런데 사물을 꾸준히 관찰한 시인의 내공 덕분인지 그에 대한 알아차림이 부지불식간에 일어난다. 시인은 급기야 감탄하여 말하지 않으면 안 되는 지경에 이른다. 언어에 결박되는 것이 옳지 않다고 주장한다면, 언어에 결박되어서는 안 된다고 주장하는 것도 옳지 않은 것 아닐까?

벚나무를 어서 만나고 싶고, 어서 정복하고 싶고, 어서 소유하고 싶어하지 않더라도, 벚나무에 의해 내가 만나지고, 정복되고, 소유되는 건 피할 도리가 없다. 주체 sujet는 원래 "(외부 자극에) 민감하기 쉬운"이라는 뜻이었다. 하여, 대상objet에 기꺼이 매혹되고 예속된다(좋은 의미로, 황홀경 같은). sujet-objet라는 조어를 보라. 둘은 결코 떨어질 수 없는 공역성共役性 속에 있다. 주체와 대상은 소유와 정복의 관계가 아니라, 연기緣起의 관계 속에 있다.

시인은 왜 화려하게 만개한 벚나무가 아니라, 어둠이 짙은 인고의 시간을 거쳐, 마침내 터질 듯한 빛으로, 불타오르는 것 같으면서도, 물기와 즙이 흐르는 버찌 열매에 주목했을까. 포도송이처럼 층위를 이룬 수직과 하강의 이중 벡터로서의 버찌 열매. 어쩌면 물과 불이라는 상극적 원소의 이중 벡터일 수도 있겠다. 낮과 밤이, 태양과 달이 교차하는 시간을 시인이 이토록 길게, 인내심 깊게 써갔다면, 그 과정과 단계 자체가 곧 버찌 열매의 진리이기 때문일 것이다. 그래서 그토록 현혹적일 것이다. 외양 아래 은닉된 시간의 층위와 깊이. 이것은 서정적 묘사가 아니라, 물物의 법도에 대한 인식의 성취에 가깝다.

꽃을 보면, 그 이름을 보는 걸까? 그 개념을 보는 걸까? 자코테에게 꽃은 우선 색色이다. 칠하는 색이 아니라, 이미 그 나름의 이데아로 있는 색. 물物 자체로서의 색. 봄날 과수원의 녹색과 흰색. 단테를 연상하며 떠올리는 유리 푸가와 같은, 색 없는 색도 색이다. 왜냐하면 가볍고 투명한 질료 자체가 계속 이동하는 걸음의 동성 자체이기 때문이다. 고지에서 태어났으나 여러 번의 여름 끝에 다 말라버린 소브강. 고삐 풀린 듯한 빠른 물살. 급류이자 신속한 투명. 가만히 무릎 꿇고 물가에 앉아 그 물 송이를 손안에 그러쥐는 것만이 생生을 위한 기도이다. 자코테에게 물은, 물살은, 포착할 수 없을 정도로 약동하기에 투명하다. 이것이 물의 본질이자 물의 색이다. 개쑥갓, 어수리, 치커리 또한 식물학적 명명 이전에, 노란색, 흰색, 파란색으로 착각된다. 이 색들이 다른 눈부신 노란색, 흰색, 파란색과 차이가 날 정도로, 밋밋하고 단순한 색이라면, 서식지와 군락의 형상 자체로 자기 본성을 현현하고 있기 때문이다. 원인과 결과가, 결과와 원인이 서로를 배제하지 않으면서 공시적으로 나타나는 순간, 아니 그런 색. 마치 삶과 죽음이 서로를 배제하지 않고 공시적이듯. 죽어가는 친구의 집을 방문하는 길에 들판에서 이 꽃들을 보고 시인은 아마도 그래서 울컥하지 않았을까.

늘 색色이, 물질이 먼저이나, 우리는 그것을 제대로 관찰하기도 전에, 그 색이 내게 어떻게 느껴지는지부터 말한다. 이른바 수용적 주관성에 도취된다. 내 눈에 비친 모습에 안달이 나 상상을 하고, 비유를 한다. 숫제 거의 앎으로, 인식으로, 판별로 나아간다. 언젠가부터 '알다'가 '보다'를 앞지르게 되었다.

마르셀 프루스트의 『잃어버린 시간을 찾아서』에서 희화화된 인물 르그랑댕 씨는 늘 자연을 읊어댄다.

"숲은 이미 어둡고, 하늘은 아직 푸르도다."

그리고 이렇게 덧붙인다.

"지금 이 시간에 어울리는 좋은 구절 아닌가?"

아니면, 또 이렇게도 말한다.

"젊은이, 자네에게는 하늘이 항상 푸르기를 바라네. 그러면 지금 내게 다가오는 이 시간처럼, 숲은 이미 어둡고 밤이 빨리 저무는 시간이 와도, 내가 지금 하늘을 쳐다보면서 그러듯 마음을 위로받을 수 있을 걸세."

프루스트가 비판하는 스노비즘이란, 모든 대상을 용도로, 목적으로 대하는 태도이다. 인간은 심지어 자연까지도 내 마음을 투사하는 용도로 사용한다. 감상주의로 가득한 문학의 위험이 있다면, 바로 이것이다. 문학이 문학 자체이듯, 자연은 자연 자체이다.

자코테는 주체와 대상 사이에 위치한 언어가 어느 선상에 적절하게 있어야 하는지, 늘 고뇌하고 번민하는 듯하다. 서로 연기되어 영향을 준다면, 나-언어-대상의 가장 적절하고도 절묘한 매듭의 고리는 어떠해야 하는가.

자코테는 그래서 그냥 "미끼"라고 말한다. "안개 속 회색 연기 매듭" "수평선 위에 채광창" "조금은 벌어진 구멍". 이어지되, 바로 이어지지 않는 매듭.

초록 수첩. cahier de verdure. 수첩의 종이마저 나무에서 온 것을 잊고 있다 새삼 손에 쥔 이 나뭇잎-시.

초록 수첩

초판 1쇄 인쇄 2025년 6월 10일
초판 1쇄 발행 2025년 6월 16일

지은이　필리프 자코테
옮긴이　류재화
펴낸이　김민정
책임편집　권현승
편집　유성원 정가현
디자인　김정민
저작권　박지영 형소진 오서영 조경은
마케팅　정민호 박치우 한민아 이민경 박진희 황승현 김경언
브랜딩　함유지 박민재 이송이 김희숙 박다솔 조다현 김하연 이준희
제작　강신은 김동욱 이순호
제작처　영신사

펴낸곳　(주)난다
출판등록　2016년 8월 25일 제406-2016-000108호
주소　10881 경기도 파주시 회동길 210
전자우편　nandatoogo@gmail.com　인스타그램　@nandaisart @mohobook
문의전화　031-955-8853 (편집) 031-955-2689 (마케팅) 031-955-8855 (팩스)

ISBN 979-11-94171-61-4 (03860)

　이 책의 판권은 옮긴이와 (주)난다에 있습니다.
- 이 책 내용의 전부 또는 일부를 재사용하려면 반드시 양측의 서면 동의를 받아야
- 합니다.
　난다는 (주)문학동네의 계열사입니다.
- 잘못된 책은 구입하신 서점에서 교환해드립니다.
- 기타 교환 문의: 031-955-2661, 3580